舞 动 地 球
Change the World
EXILE · USA 环球采风之旅
（三）

[日] 宇佐美吉启　池田伸　著

牛小可　潘明慧　译

世界图书出版公司

北京·广州·上海·西安

我们生活在有梦

霜的星球上。

Prologue
by
Shin Ikeda

2011 年 3 月，日本遭遇空前的大地震。

地震、海啸是天灾，紧随其后的核电事故是人祸。

天灾造成了超过 15000 人死亡、2700 多人失踪，人祸导致了以福岛为中心的区域受灾，至今仍未找出解决的头绪。

我们能做些什么？所有人肯定都想过这个问题。

地震发生之后，众多志愿者在灾区集结。USA 也从繁忙的日程安排中抽出时间，前往灾区帮助清理废墟，在福岛参加清除放射性污染的活动，和生活在灾区的孩子们一起跳舞。

他做了一件又一件作为宇佐美吉启这个人所能做的、作为 EXILE 的 USA 所能做的事情，而在做的过程中，有一个疑问在 USA 心中萌发了。

"有什么东西必须改变！"

世界上有富裕的国家，有贫穷的国家。但这并不意味着住在富国的人们才幸福，住在穷国的人们很不幸。通过舞动地球之旅走遍各国，USA 意识到了这一点。

即便已经拥有很多，如果还想要更多，那么任何时候都不会感到满足。

心怀梦想，也就意味着对梦想无果而终抱有不安。

若太自由，就会把自由遗忘；若太和平，就会忽视和平的宝贵。

Change the World.

我想改变世界。希望有一天世界会充满幸福、和平、爱、自由。

"如果你嘲笑这是个梦，爱笑就笑吧。"约翰·列侬这样唱道。

"起来吧，站起来吧，不要放弃战斗。"鲍勃·马利发出了呐喊。

要改变世界，这太难了。不过，如果你自己做出改变，那么 70 亿人生存的这世界就会改变 70 亿分之一。

这就是 USA 在舞蹈之旅中获得的至宝。

与其担心遥远的晚年生活，
不如想想明天怎么愉快地度过。
不安既然再苦恼也挥之不去，
那就让它留在心里。
闭上眼睛深呼吸，
不要畏惧，不要停留，
不要迷茫，一心向前走。
所以，不改变现在这一刻，未来就无法改变，
无论什么时候，过去和未来都是大同小异，
出发去旅行吧！
你听，多姿多彩的世界在向你召唤。

如果你想去旅行了，
那便是世界在呼唤你。

你知道吗？
眼前这条路，可以通向这个星球的任何角落。

你还记得吗？
远隔重洋，这是一个无边无际的世界。

走遍世界，我发现，
无论哪国的边境都没有画着一条线。

舞动起来吧，开始出发吧。
你迈出的是改变未来的一步。
只要踩出最棒的节拍，
肤色的不同、语言的差异，都会消失。

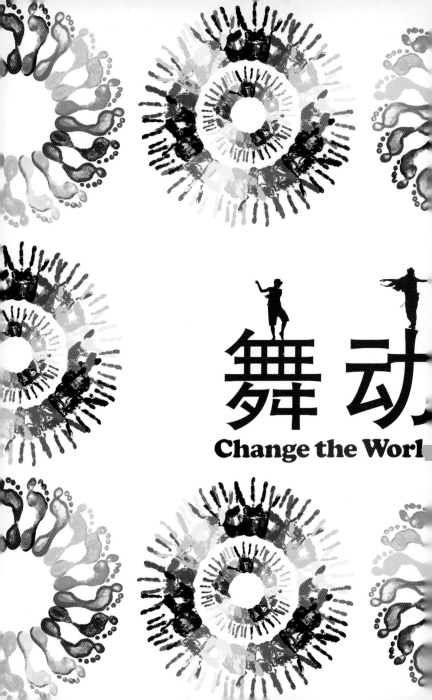
舞动
Change the Worl

地球

EXILE · USA 环球采风之旅（三）

CONTENTS

舞 动 地 球

Change the World

EXILE · USA 环球采风之旅

（ 三 ）

TRIP

DANCE EARTH

Bhutan 不丹

January 2012

探寻幸福真正的含义

不丹 Bhutan:1

January 2012
Text by Shin Ikeda

探寻幸福真正的含义。～1～

不丹王国位于喜马拉雅山脉南坡，是一个山地国家。不丹的面积比日本九州岛略大一些，人口大约有 75 万。机场所在地帕罗（Paro），以及与之相距 60 公里的首都廷布（Thimphu），海拔都在 2200～2400 米左右。不丹唯一的一条横贯东西的公路，要翻越好几座海拔接近 4000 米的山峰。虽然和日本冲绳岛的纬度差不多，但不丹因其海拔之高，成为众所周知的寒冷国度。

1974 年，第四代国王即位。国王亲自走遍全国各地，对国民宣告：

"我们国家是一个非常富饶的国家。我希望，我们不要一味追求国民生产总值（GNP），而要追求国民幸福总值（GNH）。"

"国民幸福总值。"

国王如此这般地描绘自己国家的前景。在他的带领下，2008 年不丹举行了第一次大选，选出了总理，公布了新宪法。但至今人们的生活依然一如往昔。

在 2005 年开展的以全体国民为对象的调查中，97% 的民众认为自己很幸福。这引起了 USA 的兴趣，他调查了不丹，发现在策秋节（Tsechu）上不丹人要表演一种叫做"恰姆"的舞蹈。那究竟会是一种什么样的舞蹈呢？于是，USA 决定把不丹作为"舞动地球·改变世界"之旅的第一站。

不丹基本上没有任何旅游政策。1974 年，政府才允许外国游客入境。也就是说在那之前，除了对接壤的几个国家开放之外，不丹几乎处于锁国状态。即便是现在，国家也规定游客入境人数上限为每年 7500 人，游客在不丹逗留的费用为每天 200 美元，个人游的话还会多收 30 美元。这笔费用中包括了住宿、三餐、导游、司机、车辆租金等等全部开销，虽

谈不上暴利，但如果一个人在不丹旅游 10 天的话，则需花费 2300 美元，再加上机票，总花费比亚洲其他国家要高得多。这条法律上的规定，或许就明确表达了不丹的态度。

付得起这笔钱的人来就可以了。相比而言，邻国尼泊尔和印度早已开始毫无限制地接纳外国游客，而今那里随处可见伪嬉皮士装扮的背包客们浑身脏兮兮地出入便宜旅馆，商贩们冲着游客漫天要价，孩童们向游客伸出双手索要东西。不丹国王并不认为这是好现象。因此，不丹也被称为秘境。

在不丹，男人穿名为"果"、女人穿名为"基拉（Kira）"的民族服装，这是国民的义务。法律规定禁止吸烟。绝大部分国民用辣椒和牛奶做成的奶酪炒青菜，这道菜名字叫做"爱玛大翠（Emma Datshi）"，不丹人每天吃两顿。如此种种，要说起不丹这个国家的独特风俗，那就不计其数了。

不丹唯一的国际机场是帕罗国际机场。说是国际机场，实际上只是在山谷中的田野上铺了一条柏油跑道而已，走下舷梯，完全就是农村。敷衍而建的围墙外面是一片片田地，几个农夫在悠闲地耕种。跑道边上一栋类似传统的体育馆的建筑，便是机场大楼。

在这里，我们换乘 20 人小型飞机，前往塔希冈（Tashigang）。那是这次学习"恰姆"的舞台。

在这个国度，大部分国民都是虔诚的藏传佛教信徒。所以 USA 首先走访了佛教学校，听卡鲁马·兰德鲁大师介绍藏传佛教和"恰姆"。

卡鲁马大师说："佛教是让人内心平和、幸福的良药。跳恰姆，其

实就是磨炼内心。跳得多高多美这些技巧并不是关键所在。这种舞蹈是人们对于和平的祈愿。你有什么烦恼吗？"

USA 答道："我已经实现了长久以来一直在描绘的梦想，可是我还想继续走得更远。而且，我担心现在这种状态能够持续多久，这种不安一直都没有办法消除。"

卡鲁马大师说："对你来说，现在正是冬天吧？天气总会变暖的。一切都在变化，没有任何一件事物是永恒不变的。正如你所看到的，不丹是一个贫穷的国家，但只要今天有的吃，我们就不担心明天，所以我们才会觉得幸福。"

听着这朴实的回答，USA 点头赞同，他的表情也发生了变化。

从塔西冈乘车 1 个小时，便到了拉蒂村。恰姆的授课就将在这个只有 300 人左右的小村子里进行。村里没有旅馆，USA 就住在舞蹈老师塔西·翁迪家里。塔西老师向 USA 介绍了他的夫人、爷爷和 3 个女儿，接着说："我们家很穷，你请随意。"

塔西家一共有三个房间，最大的那间佛堂被分给 USA 居住。傍晚，亲戚、邻居聚在一起，坐在地上开始吃晚饭。晚饭吃的是"爱玛大翠"。没有汤匙或筷子，这是 USA 第一次用手吃饭。自家酿制的米酒每喝一口就马上被添满，USA 喝得十分尽兴。趁着微醺，他开始提问题。

"塔西老师多大了？您是从什么时候开始跳舞的呢？"

"我 35 岁了，我是从 15 年前开始跳的。"

"是吗？我们差不多大，跳舞的年头也一样。你现在幸福吗？"

"当然。有全家人的陪伴，还能和邻居们聚在一起吃饭喝酒，是最幸福的事情了。"

　　同样的问题也问了孩子们，结果所有人都不假思索地腼腆地回答说"幸福"。吃过晚饭，USA 回到房间，钻进被窝，关掉电灯，四周一片黑暗，伸手不见五指。

　　第二天，练习开始了。塔西从种类繁多的恰姆中挑选了一种夏扎姆·恰姆，即鹿神之舞。塔西先做了示范，30 分钟的舞蹈，看得 USA 不知所措。他从来没有见过这么复杂的舞步，这么独特的节奏。把整段

舞蹈全部记住绝非易事。而且，表演恰姆的祭祀典礼就在 4 天之后。

　　不管怎样，先开始练习，边看边学。连续跳了 5 个小时，完全没有休息，而且还是光着脚跳，终于算是有几分模样了。可塔西却说"还不能完全让人满意"。USA 很失望地回到家，大家都来安慰他。"明天再努力就好""恰姆对不丹人来说都很难呢""今天我为你祈祷了哦"。USA 有些灰心，觉得可能学不会，但大家的热情让他稍微拾回了一点干劲。

有一天，我听说有一个国家，97% 的国民都觉得幸福。

那就是不丹王国。

表示"国民整体幸福感"的国民幸福总值（Gross National Happiness = GNH），这个指标就是不丹率先倡导的。从那以后，这个国家举国追求 GNH，他们认为每个家庭都幸福是国家幸福的基石。

顺便说一下，GNH 全球排名（2006 年调查数据）中，日本在全世界 178 个国家中，仅仅排名第 125 位。

幸福，究竟是什么？！

向着这个几乎所有国民都感觉幸福的国家。

为了探寻幸福真正的含义，我出发了。

在世界各地旅行时，我总在想：
大家都很快乐、感觉很幸福的国家里，
一定到处都是音乐和舞蹈。

我不知道不丹有什么样的舞蹈。

但我觉得，那舞蹈应该是非常棒的。
因为这是一个幸福的国度。

在不丹邂逅的舞蹈"恰姆"。

这是一种传统的宗教性的舞蹈，跳舞时要戴着鹿头假面。不丹人说跳这种舞蹈，可以把人从痛苦、悲伤中解救出来。他们认为，无论是跳舞还是看舞，都跟诵经有着同等的意义。

那是神明的舞蹈。

我住在塔西老师家，并受教于他。我的终极目标是在祭祀典礼时展示"恰姆"。

我对舞蹈还是很有自信的，一直想着，只要给我3天练习时间，就一定可以学会。可是，当我第一次看到"恰姆"时，那份自信崩溃了。

这舞蹈居然这么长，最短30分钟，长的都要1个小时。节奏也很独特，真的非常难学。

而且，祭祀典礼的舞蹈让外国人参加还没有过先例。在这种压力下，我近乎想要放弃了："完全学会，或许不太可能……"

但是，都来到这里了，就只能上了！

从那天起，我开始拼命练习。

今天的练习场地……

农田？！

我不停地练习，慢慢地我记住了所有舞步。
可是，老师说："祈祷的心意不够。"

祈祷？
我倒是在神社祈祷过，可从来没有边跳舞边祈祷。
祈祷的意义，当时的我并不明白。

这是神明的舞蹈。
必须通过跳舞化身为神。
必须让看的人感觉幸福。

这个任务，我不可能做得到……

当我失落地回到塔西老师家时，
全家人都对我说：
"USA 绝对可以做到！"

他们毫不犹豫地说着"可以做到"，笑容满面。
老爷爷、老奶奶、全村人，
都百分之百相信我。

他们这么相信我，那我只有上了！
让他们高兴，是我这一次的使命。

等我再跳的时候，这种想法变成了祈祷。
因为我一心想让周围的人高兴，终于我做到了祈祷。

是他们的笑容，让我能够坚持到底。

祭祀典礼当天，
我戴上了巨大的木制鹿头面具。

视野一下子变窄了。
接着，我感觉和外面的世界完全隔绝开来。
在这个空间里，和我面对面的只有自己的内心。

在那之前，我的舞蹈是有意识地跳给观众看的。
但是，戴上面具之后，我只能一边跳一边直面自己。

跳舞不是为了给别人看，而是为了直面自己。

从某种意义上来说，这或许是我的初体验。

　　当然，村里人都来看我跳舞。所以我一心只想着，必
须让他们感觉到幸福，不能失败。但我的精神状态却越陷
越深。

最终，我可能变成了无。

当视觉失去了，
能够依靠的就只有声音和自己的身体。
于是，注意力越来越集中，敏锐到了极致。

有些东西，
是在失去之后才获得的。

感觉是在俯瞰自己。

这种感觉，在人生旅途中也一定很重要。

越陷越深。

或许有一个"全新的世界"

只有直面自己，才能看到。

说实话，在去不丹之前，我一直在烦恼。

自己的梦想终于实现了，也在巨大的场馆开过好多次演唱会，可是有时我会想："如果这一切都消失了，那该怎么办？""如果腿断了不能跳了，那该怎么办？"。除了跳舞，我什么都不会，我觉得很自卑，非常不安。

如果在舞蹈之上再加点什么……不在舞蹈之外找些什么的话……

我这么想着，也做了各种各样的尝试。

可无论做什么，都填补不了心里的那份不安。

祭祀典礼上，曲终舞毕，村里人都走过来。

有些人流着泪说："多谢你，我得到神恩了。"

那一瞬间，我的烦恼消失了。

通过自己最喜欢的事情，
为某个人鼓劲，让某个人幸福，
才是最棒的。

以前的我到底在奢望什么？
有这么棒的舞蹈，我还在寻找什么？
在不丹，我顿悟了。

从此，我不再迷惘。

探寻幸福真正的含义。～2～

 第二天，继续练习。从早上开始，狂跳6个小时，片刻不停。USA开始觉得终于记住大致的舞步了，就在这时一名舞者走过来，对他说：

"跳恰姆最关键的是要祈祷人们健康，无灾无难，和平地生活。你的舞蹈能力很优秀，但重要的不是技术。你的舞蹈里没有祈祷。"

没有祈祷……通过跳舞来祈祷，什么意思？面对这个从来没有考虑过的问题，USA再一次备受打击。塔西对他说："我想带你去一个地方。"

他带USA来到了山顶上。数不清有多少面旗子立在那里，迎风招展。

塔西说："这里是祈祷的地方。这些旗子叫做达鲁心，旗子上都写有经文，用来为亡者祈求冥福或者许愿。当旗子飘扬起来时，祈祷就能传递到了。我准备了一面旗子，为日本发生的大灾难祈福，我们一起挂上吧。"

挂完这面旗，塔西又开始挂另一面旗，他说：

"15年前，我的妻子因病去世了。那是我开始跳舞的原因。当时我非常伤心，任何事情都无心去做。有一位僧侣对我说'你去跳舞吧。恰姆可以带走你的悲伤。'我跳舞是为亡妻而祈祷。"

再一次，USA的表情变了。他继续练习，直到暮色笼罩了四周。

第三天，练习的最后一天。从早上开始USA就在不停地跳，跳得越娴熟，"祈祷究竟是什么？"这个疑问在他心中就越大。终于，他停了下来，坐在地上竭力发出声音，对大家说：

"我想，我已经能够让大家认可我作为一个日本人，在这么短时间里确实努力了。但是，恰姆不是娱乐。我这个样子，根本没办法站上祭祀典礼的舞台。"

舞者们纷纷鼓励他。

"没关系的，还有我们嘛。"

"全村都非常期待哦。"

"明天一定可以跳好的。我们继续练习吧。"

村民们的善良给了 USA 力量，让他重新站了起来。这天，还是一直练到了晚上。

USA 拖着僵硬的双腿，回到塔西家。吃过晚饭钻进被窝，明明已经筋疲力尽了，却丝毫没有困意。

塔西的家人总是毫不犹豫地对他说："没关系，USA 可以的。"USA 想看到他们开心的笑脸。他不知道会跳成什么样，他只知道现在能做的只有一件事，那就是放开一切，尽情去跳。只有这样，才能表达对大家

Bhutan:2
January 2012

的感谢，才能回报大家的好。在这间电灯泡照亮的房屋里，USA 下定了决心。

第二天 4 点到达寺院，读完经之后，僧侣对 USA 说：

"从戴上面具的那一刻起，你就要想，自己不是人类，而是神明。因为如果你还只是人类，那就没有神恩。请你带着所有来参加祭祀典礼的人走向和平吧。"

接着，祭祀典礼开始了。村民们身着自己最华丽的果或基拉，挤满了整个寺院。USA 上场之前还有几首恰姆，趁他们表演的时候，他穿好了服装。

"我将成为神，祈求大家的幸福。"

说着，USA 一脸果毅地戴上了鹿头面具，等主持仪式的僧侣介绍完毕，他就上场开始跳舞。

头部大幅度晃动，寻找带来灾难的恶灵，光脚狠踏地面，旋转、跳跃、挥动手中的长剑展开战斗，将恶灵驱逐出去。为了不断鼓励自己的塔西一家，为了同台跳舞的伙伴们，为了宽容接纳自己的村民们，USA 心无旁骛。村民们一言不发地注视着他，还有人双手合十。那个郁闷消沉的 USA，已然消失得无影无踪。

跳完 30 分钟，回到后场，USA 得到了大家的鼓掌欢迎。取下面具，汗水直流。他喘着粗气，挤出了几个字：

"我什么都不记得了。完全忘我了。"

"太棒了。""村民们也都非常开心呢。""跳得真好，我看得眼泪都快要流出来了。""谢谢你，我真的很感动。"大家纷纷投来称赞的话语。USA 的眼角溢出了一滴泪珠，接着就收不住了。

"我为什么哭？我根本就没有想哭啊。"

和同伴们一起回到舞台上，雷鸣般的掌声久久不停。

寺院的祭祀典礼结束之后，转场来到附近的田地里，村民们也参与进来，大家围成了一个大圆圈，手拉着手，又唱又跳地旋转起来。

太好了，太好了，遇见了你，遇见了你，谢谢你，谢谢你……这欢快的歌声飘进喜马拉雅连绵的群山，消失了。

"我现在满心都是幸福。通过跳舞来祈福，虽然只有短短几天，但是我觉得我有点明白其中的含义了。不是用脑袋，而是要用整个身体。回到日本，又会有各种事情蜂拥而至，或许偶尔我也会忘掉这种感觉。但我想，不丹人应该也跟我一样。

我之前一直在想，幸福究竟是什么。但其实我已经很幸福了，我只是把它遗忘了而已。从今天开始，我还要继续把祈福融入我的舞蹈，祈求所有人都幸福。"

舞蹈成为娱乐之前，更是祈求大家幸福的方式。今天的 USA 和昨天以前的 USA 有了些许不同。是的，靠物质上的富足无法获得的幸福，其实就在所有人的心中。

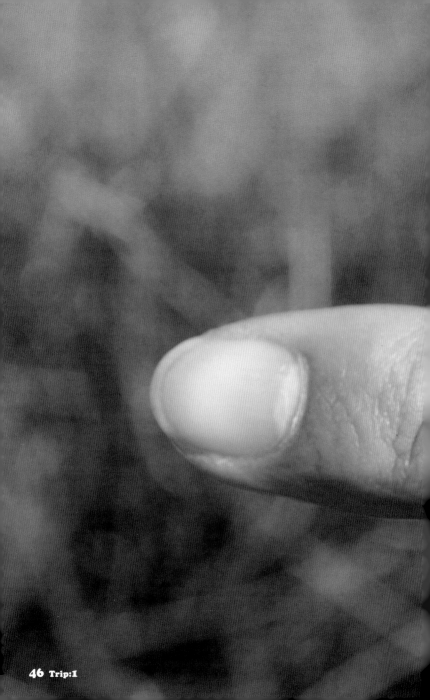

当你让别人幸福时，
你就会找到幸福的方法。

在不丹生活的每一天，
在任何一个家庭都能看到祈祷的画面。

我想知道他们在祈祷什么，于是问了一位老奶奶，老奶奶说：
"祈祷自己的幸福、家人的幸福，这是肯定的，然后每天还会祈祷自己讨厌的人幸福。最后祈祷'这世上所有的生物都能幸福'。"

每天都能接触到不丹人这颗为全世界人们日日祈福的纯粹之心，我发现自己的心也慢慢变得纯净、透明起来了。

透明的心。让人感觉，那里有着好多神明。

在不丹，我遇到了许多神明。
这些神明就在每个村民的心中。
也在我的心中……在你的心中……
所有人的心中，一定都有神明。

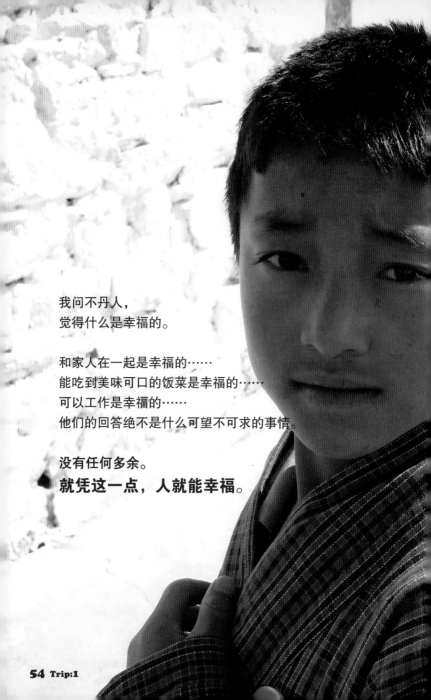

我问不丹人，
觉得什么是幸福的。

和家人在一起是幸福的……
能吃到美味可口的饭菜是幸福的……
可以工作是幸福的……
他们的回答绝不是什么可望不可求的事情。

没有任何多余。
就凭这一点，人就能幸福。

不丹之旅，洗净了一切。
想战胜别人、想存活下去、不得不战……
这些想法全部都被削掉了，内心变得很简单。

我跳舞的目的也发生了转变。
凭借自己的所长，让眼前的人高兴……
这正是我跳舞的理由。

不管是在 5 万人面前，还是在 1 个人面前，
我觉得我一样都能跳。

我想，如果能让眼前的人高兴，
那我就是幸福的。

靠自己喜欢的事情，让人幸福。
这样，我就能更加幸福。

不丹之旅，
让我能够重新审视现在的日本。
我希望通过舞蹈提高日本的幸福指数，哪怕只是百分之一。
我已经决定了。

我们的国家，不应该是这样的。

曾经，我对未来深感不安……

但现在我会想，未来是未知的，真幸福。
因为，如果对将要发生什么一清二楚，那么
冒险将变得索然无味，几乎没有任何意义。
倘若人生如旅途，那么
"当下便是一切"。

只要跟着内心的声音或冲动前进，
那就是正确的方向。

TRIP
DANCE EARTH

加勒比海
Caribbean
Jamaica, Cuba and Mexico
February - March 2012

舞蹈、酒和革命

加勒比海
Jamaica
February - March 2012
Text by Shin Ikeda

舞蹈、酒和革命。~牙买加~

每一个热爱旅游的人都会憧憬"环游世界"。USA 也不例外，对他来说那就是最浪漫的事情，最大的梦想。其中，乘船游历占据地球面积 70% 的浩瀚海洋，将是一段与众不同的旅程。对此，手持船舶驾驶证的大海之子 USA 也并非不向往，只是他只能从繁忙的行程中见缝插针地外出旅游，所以这个梦依然还是梦。

"和平之船（Peace Boat）"这个团体多年以来，一直坚持乘船环球旅行。很多人肯定都看过他们张贴在日本各地的海报。"和平之船"是策划国际交流乘船旅行的非营利性 NGO 组织。迄今为止，已经停靠过 180 多个国家的港口。2 月 24 日，USA 作为第 75 期加勒比海之旅的游客登上了"和平之船"，开始前往牙买加。

说到牙买加，当然就是雷鬼乐（Reggae）、拉斯特法里教（Rastafarianism）、鲍勃·马利（Bob Marley）。USA 开始对音乐、舞蹈产生兴趣时，接触到了雷鬼乐。当时他只觉得"那是一个发型非常有个性的人唱着很好听的音乐"，仅此而已。但是随着对鲍勃·马利的歌词和生平的了解，USA 开始萌生了强烈的敬意。

现在的拉斯特法里信徒吃的是被称为 I-tal food（vital food）的天然食物，留的脏辫发型源于《圣经·旧约》中禁止用刀刃触碰自己身体的说法。以前，拉斯特法里信徒为了逃离当局的镇压而聚居到深山里，过上了集体生活，由此开始形成了这些生活习惯。之后，拉斯特法里的思想和教义被谱以独特的旋律唱了出来，由此诞生了雷鬼乐，并获得了强有力的支持。雷鬼乐的代表性人物非鲍勃·马利莫属。

鲍勃·马利的本名是 Robert Nesta Marley。1945 年 2 月 6 日出生在牙买加圣安娜区一个叫做九英里（Nine Miles）的村子里，是一名白人男子和一名牙买加黑人女子所生。他出生后不久，父亲就不知所踪。因为鲍

勃·马利是混血儿，所以自小便受到白人社会和黑人社会的双重排挤，尝尽了孤独的滋味。这种深深的孤独感，成为他孜孜不倦地倡导"超越肤色差异，我们一样都是人"的动力。12 岁时，他移居金斯敦的贫民窟"特伦奇小镇（Trench Town）"，开始了音乐生涯。而后他遇到了彼得·陶许（Peter Tosh）、Bunny Wailer 等人，19 岁时加入了拉斯特法里教。1973 年鲍勃·马利＆哭泣者乐队（The Wailers）发表了首张专辑"揭竿而起（Catch a Fire）"，一炮走红，一句"逃离巴比伦"的歌词和他的音乐思想瞬间传遍了全世界。

为了追寻鲍勃的足迹，USA 来到他曾经生活过的拉斯特村。从金斯敦驱车 1 个小时左右，就到达了拉斯特村，这里是大批拉斯特法里信徒的聚居地。USA 在村民的引导下，参观了鲍勃生活过两年的家，还和他们一起参加了祈祷仪式。然后 USA 就躺在广袤的绿草地上睡着了。第二天，USA 前往哭泣者乐队成员彼得·陶许出生的家，参加那里举行的祭典。多得惊人的留着脏辫（dreadlocks）的人们齐聚一堂，尽情地度过了一段悠闲时光。

回到金斯敦的当晚，USA 参加了一个舞蹈庆典。庆典的会场是位于街市的一户人家，占地面积很大，一整套音响发出来的轰鸣声在空气中震动，人们随着节拍剧烈地舞动起来。以鲍勃·马利为代表的雷鬼乐被称为街头摇滚，而舞台音响的绝对感染力却是金斯敦雷鬼乐的《现在》。

牙买加的经济持续低迷，绝大多数人都生活在贫民窟。于是对于年轻人来说，只有两条可能成功的路，要么成为黑社会，要么成为音乐家。那个呼喊着"拒绝一小部分统治者支配广大民众的'巴比伦体制'""站起来""不要放弃反抗"的鲍勃已经不在人世了，但那首让人们看到希望的"One Love"仍然在全世界广为传唱。在这座美丽的绿岛上，USA 追寻着鲍勃的足迹，再一次将他的思想铭记于心。

牙买加，是我非常喜欢的国家。

从 2005 年左右开始，只要有假期，我都会来享受这里的空气。

四面环绕着美丽的加勒比海，这座阳光小岛到处都是音乐和舞蹈。对牙买加人来说，舞蹈就像家常便饭一般理所当然。不管是舞蹈艺术家还是扫地的大妈，从毛头小孩到老爷爷、老奶奶，只要雷鬼乐响起，所有人都舞动起来。

在这里，人们不说"去舞厅、去俱乐部吧"，而是很平常地说"今天去跳舞啊？"

音响也超棒！

街上随处可见成堆的音响设备，就算是住宅区的一个角落，也是音乐轰鸣的舞台。

车上也总是带着一套音响，走到哪里跳到哪里。森林里、山冈上、大海上，到处都是舞台。

说不清为什么，牙买加人钟爱跳舞的心情、自己亲手搭建最棒的舞台的做法，让我感同身受。

在蓝天下尽情地跳舞，真的非常爽。

在音响的轰鸣声中跳起舞，
所有的烦恼全部一扫而空。
或者说，根本无暇烦恼。

那个瞬间，真的很自由。
那感觉真的太棒了！

跳着跳着，忘记了一切。
然后，就会想起自己，
想起本就拥有的自由。

用音乐，鲍勃·马利改变了牙买加，撬动了地球。

走在鲍勃成长的街头……
跳进鲍勃游过的河流……
吃一吃鲍勃钟爱的天然食物……
沉浸在雷鬼乐之中……
我要追寻他的足迹，我出发了。

鲍勃·马利是雷鬼乐之神。
区区小辈怎敢与他相提并论，
但我打心底里觉得，
他想用音乐把人们的心维系在一起的愿望，
我也可以拥有。

不用管什么环境、什么才能，
作为一个人，
作为一名舞者，
可以和他一样拥有这份愿望。
我感觉到自己心中涌起了一股热流。

或许有人会尖锐地说，你和鲍勃·马利是不一样的。
可是，鲍勃的这份热忱也是从他出名之前就有了的，
既然如此，我也这么想又有什么不行？

虽然我不会唱歌，
但我希望能通过跳舞，创造改变世界的机会。
跳着我最挚爱的舞蹈，能走多远就走多远。

想法改变未来。
有多执著就多执著。

鲍勃的音乐教给我许多重要的事。
爱、和平、自由、团结……

接下来，就需要我们用舞蹈来传递这些信息。
没有哪个民族、国家没有舞蹈。
全世界一定是连在一起的。

鲍勃说：
"想要统治世界的那帮人正在废寝忘食地传播罪恶。"

所以，祈盼和平的我们也不能虚度时光。
等是等不来和平的。
振作起来吧！

和平之船
Peace Boat
February - March 2012
Text by Shin Ikeda

舞蹈、酒和革命。～和平之船～

USA 第一次知道和平之船，大概是在 4 年前。

在大约 3 个月的时间里，乘船停靠 20 多个国家的环球之旅。近千名年轻人和老年人同船旅行，沿途安排有丰富的旅游项目和文娱活动，游客们还可以自由策划各种节目……了解到这一切，USA 心生一个愿望。

"在浩瀚大海 360 度环绕的舞台上跳舞。"

可是，USA 的每一天都是超级忙碌的，根本不可能实现长达 3 个月的旅行。这样就只能耐心地等待时机，选一条区间较短的路线，再和同船游客们尽情跳舞。终于等来了第 75 期环球之旅：2 月 27 日从牙买加·蒙特哥贝（Montego Bay）出发，3 月 1 日到达古巴·哈瓦那（Havana），整个行程一共三天两夜。梦圆 4 年之后。

事先反复讨论了多次，最终决定的方案是，USA 和同船游客一起跳原创舞蹈"舞动地球"。游轮出发前，USA 根据原创音乐设计好基础舞步，教给船上的工作人员。1 月 24 日，游轮从横滨港起航，横穿太平洋一路向东，2 月 6 日到达塔希提岛（Tahiti），18 日在秘鲁（Peru）登岸，接着穿过巴拿马运河抵达牙买加。在这 1 个月左右的时间里，游客们要把舞步学会，然后 USA 从牙买加登船，完成整个舞蹈。这是一个宏大的计划。

2 月 27 日，USA 结束了在牙买加的简短旅途，抵达蒙特哥贝。一到港口，就看到一艘巨大的豪华游轮停靠在那里，那就是"海洋号"，船体上赫然写着"PEACE BOAT"。一行人在衣帽间办完手续，搭乘电梯进入客房，放下行李就立马出来参观游轮。两间大餐厅、酒吧、剧场，还有宽敞的休息室。甲板上有游泳池、按摩浴池、篮球场。这个级别的船，里面简直就是一栋大厦，看样子在船上生活 3 个月也不会有什么顾虑。乘船旅行，不再只是住宿，更有"过日子"的感觉。

当晚，游轮离开牙买加。第二天一早，我们就来到甲板上看游客们跳

"舞动地球"。甲板上聚集了男女老少共约 200 人，身穿手工制作的服装，按不同的主题分成了 6 组。当着 USA 的面，游客们展示了 1 个月以来练习的成果。

"老实说，我真没想到他们跳得这么好。大家远比我想象得努力多了，这让我很感动。很多人是第一次这么认真地跳舞，我一眼就能看得出来他们在船上的每一天都练得非常努力。而且，不只有年轻人，还有一些老爷爷、老奶奶们也参与其中。光是这些，就足够体现出和平了。"

接着，USA 对每一组都直接进行了指导，留出充足的时间反复进行彩排。

第二天下午 3 点，正式表演。舞者们集中到甲板后部，那里是今天的舞台。上层甲板则挤满了观众。

"好了，我们要正式表演了。大家练习了这么久，好好展示出来，尽情地跳起来吧！"

伴随着 USA 的呐喊，音乐响起。舞者们跳了起来，他们的动作比前一天更放得开，非常灵活。USA 也加入他们，在清爽的海风中热力四射。航行在加勒比海上，海轮的甲板此时此刻成为浩瀚大海 360 度环绕的舞台。USA 梦寐以求的舞台，终于在 4 年之后出现在眼前了。

"所有人都跳得非常起劲，觉得这才是青春。老爷爷、老奶奶们也重新走了一遍青春。我还以为大家只是抱着玩玩看的心态，结果每个人都非常努力。经历过各种烦恼，组与组之间商量、碰撞，围绕着'舞动地球'，大家书写了一个自己的故事，真的很让人感动。"

短暂旅程的最后一夜，是 USA 办的特基拉酒之夜！搭建起 DJ 台，把甲板变成一个酒吧，从日本带来的大批特基拉酒瞬间售罄。夜深了，海上俱乐部还在继续。那是当然啦，这里是大海，不存在过了 12 点就不能跳舞之类很不识趣的法律。

与其思前后悔，不航，去到过的世界

既然说地球是我们的舞台，
那就必须在海上跳一场。

既然要跳，我希望打造一个最强的舞台，
360 度环绕着浩瀚的大海！

为了实现这个梦想，我和最棒的 DJ KIRA、最棒的调酒师
拓人一起，从牙买加登上了环球之旅的"和平之船"。

想后最终
如扬帆起
那从未见

　　我还去了切·格瓦拉住过的纪念馆，充分感受到了为自由而战的男子汉气息。大街小巷，随处可见用油漆写下的卡斯特罗和切·格瓦拉的名字。民众没有忘记他们，虽然很贫穷，生计维艰，却依然爱着他们，我能感受到他们的这份真情。什么独裁主义、社会主义的国家没有自由，这种印象错了。统帅全国的卡斯特罗为民众考虑，医疗、教育完全免费，确保分发最低限度的食物和日用品，等等。他们确实贫穷，但绝不是不幸福。每个人看起来都非常的幸福，依然保留着对革命的热忱。这是此行给我留下的印象。

　　虽然做的事情不一样，但是，我也要把这份热忱倾注到舞蹈里！在我心里，这个想法更加强烈了。和平实在太难了，连卡斯特罗也在论坛上断言"令人难过的是，在我们有生之年肯定是看不到和平了"，但是如果在这个时代迈出数百年征程的第一步，那就能最终通向和平。

　　身居国家元首的人，能够绞尽脑汁地为民众着想，不仅考虑自己的国家，还要考虑别的国家。正因为这样，普通民众、在野人士才看上去非常幸福。这在不丹我也深有体会。这样的国家很酷。从国家的定位来看，很酷。能让人感受到这种酷的国家少之又少。虽然很穷，和日本相比完全不值一提，但是，值得我们学习、感受的东西非常多。

　　"改变世界"这个主题确实空泛，但我觉得，每一个人的变化是最重要的。就算呼吁大家一起改变，一时半刻也实现不了。但是，只要自己一个人可以做出改变，至少就意味着日本一亿分之一的世界改变了。改变自己和改变世界是紧密相连的。这趟旅程让我更加坚定了这份决心。"

卡斯特罗和切·格瓦拉主导的古巴革命，就发生在五十几年以前。

　　我既不是革命家，也不是军人，更不是政治家，张口就说什么改变世界，或许会招人嘲笑，但是我相信，在这个时代，作为舞者，作为艺人，绝对有可为之事。

　　世界不应该只由某个领域的人或政治家来改变。
　　一定也有我们可以做到的事情。

　　和事实上正在改变世界的革命家呼吸一样的空气，走一走那片革命的土地，让自己真切地感受到要改变世界，哪怕是一点点。抱着这种想法，我远渡重洋，来到了革命的国度，古巴。

我见到了成功领导古巴革命的革命家之一，菲德尔·卡斯特罗。

　　他是书上、电影里的伟人，对我来说，是一个历史故事里的人物。

　　卡斯特罗，当这个活生生的传说出现在我面前时，我起了一身的鸡皮疙瘩。

　　我坐在最前排聆听这个真正的革命家的演讲，呼吸着缠绕在他周围的空气。演讲结束后，我上台向他赠送从日本带来的礼物，站在他的面前，一下子被他的温柔包围住了。

　　上台前我就被告知"禁止一切即兴行为！"他身边还站着几名保镖，我紧张地看着他，突然，卡斯特罗开口说道：

"你跳一个看看。"

　　意想不到的提议让我完全愣住了，只是张开手臂跳了一个wave。

　　这个动作，我在全世界跳过，在日本各种舞台上跳过，但在卡斯特罗的面前……

　　就像变回了小学生，变成了一个莫名其妙的"挫男"。

　　呃，我的革命道路还很漫长……

舞蹈革命

我全神贯注地聆听卡斯特罗的演讲。

"很遗憾，在我们生活的这个时代，和平不会到来。"

"日本是世界上唯一一个受到核武器伤害的国家，地震、海啸、核电事故造成了巨大的灾害。正因为这样，生活在日本的各位朋友应该更多地向全世界呼吁和平。不管是利用网络还是什么，大家应该继续呼吁。这样，虽然在我们有生之年很难实现，但我们要迈出这一步。或许到了我们的孩子、孩子的孩子的时代，和平就会到来了。"

我没有全部听懂，但卡斯特罗说的大意就是这些。

自己一个人动起来，并不会什么都不发生改变。
自己一个人改变了，至少日本有一亿分之一发生了改变。
改变自己，就一定能够改变世界。

我会这么做！
接下来就看我们的了。

求同伴!!

或许会走错，或许会绕一段远路，
但只要每个人用自己的方法，带动周围的人，
有朝一日不就可以有翻天覆地的变化了吗？

只要有热忱，我们就可以做到。
此刻我的内心充满了力量。

不断地设想，不断地改变。

如果没有信念，就没有开始。

只要能够坚信世界会改变，
世界就一定会改变。

跳舞、酒和革命。～墨西哥～

USA 在古巴结束了和平之船的旅途后，并没有直接回国，而是从哈瓦那机场登上了前往下一段旅程的飞机。飞机将飞往墨西哥，下一个目的地是——特基拉！USA 说，"特基拉是最让人兴奋的酒，有劲儿，喝完跳舞是最棒的。"

在众多酒当中，USA 酷爱特基拉酒。从他特地考取"特基拉酒伺酒师"资格证这件事情上也可以看出他有多偏爱。用 USA 本人的话来说，"到现在为止，在特基拉酒蒙眼品尝会上从来没有答错过品牌"。出于这份偏爱，对他来说，墨西哥是有机会一定要去的地方，不为别的，只因为那里有一个"特基拉"村……

我们从墨西哥市机场换乘国内航班抵达墨西哥第二大城市瓜达拉哈拉（Guadalajara），参加那里举行的厂家品酒会。首先是关于特基拉酒的说明。

特基拉酒是利用百合科植物特基拉制作而成的蒸馏酒。就像法国尚佩涅生产的酒才叫"香槟"一样，墨西哥特基拉村制作的酒才能被称为"特基拉酒"。特基拉酒有三种等级，Blanco（白色龙舌兰）——完全未经陈年的透明新酒，Reposado——陈放 2～12 个月的酒，Anejo——最少陈放 1 年的酒。这些知识，USA 在考侍酒师时都学习过了。

接着是品酒，而且是无限畅饮。USA 一边吃着搭配特基拉酒的菜肴，一边一杯接一杯地喝光各种美酒，包括还没有上市的。

品酒会结束之后，前往被称为"西部珍珠"的街区。夜幕降临，走进酒吧，当然还是喝特基拉。此番旅程并非"舞动地球"，而是"畅饮地球"。

第二天，我们从瓜达拉哈拉搭乘火车前往特基拉村。这趟列车通常被称为"特基拉专列"。

　　刚到火车站，就有墨西哥流浪乐队（Mariachi）现场演奏，迎接我们。墨西哥流浪乐队是墨西哥很有代表性的乐队形式，乐队由小提琴、维乌埃拉（vihuela）、吉他、小号等乐手组成，演奏墨西哥传统音乐。满心欢喜地上了火车，火车刚发动不久，小推车服务就开始了。小推车上都是装满了玛加丽特（Margarita）的杯子，不留一点空隙。这次又是无限畅饮。一口下肚，USA 瞪圆双眼大赞"好喝！"他说这是来墨西哥之后喝过的最美味的酒了。接着，主持人上场，用西班牙语问候了一段，然后刚才那支流浪乐队就集体登台，开始现场演奏。这才是特基拉专列嘛！USA 情不自禁，从座位上站了起来，随着奏乐开始跳舞。

　　大约过了一个半小时，火车抵达特基拉村站，这个乡间小村庄和大城市瓜达拉哈拉风格迥异，充满着墨西哥特有的风情。我们参观了市场，在食堂吃过午饭，就来到当天要入住的那家建在蒸馏厂里的宾馆。服务员带我们进了客房。装修得雅致、漂亮的客房里，桌上摆着一朵鲜花，旁边是一个酒杯，不用说，里面装的正是特基拉。似乎在表示，"欢迎来到特基拉"。

　　紧接着参加蒸馏厂旅游团。USA 虽然考侍酒师时学过很多，但亲眼观看制作过程还是第一次。我们不知道日本究竟有多少特基拉侍酒师，不过可以肯定的是，没多少人曾经亲自来到特基拉村现场观看蒸馏过程。后来，我们到橡木桶堆成山的储藏室再一次试喝。对于喜欢特基拉的人来说，墨西哥真的就是天堂。

　　第二天，参观世界文化保护遗产龙舌兰种植区。园区里的龙舌兰一眼望不到边，在这片干燥的土地上，USA 跳起舞来。在龙舌兰种植区里尽情起舞的，肯定是前无古人后无来者，就只有 USA 这一个人。

　　"哪天我要做一个特基拉品牌，名字就叫'舞动地球'。"

　　USA 又多了一个梦想。

美味，快乐，跳舞！
对舞者来说最棒的酒，就是特基拉！

　　跳舞之前喝一杯特基拉，就能头脑清醒，浑身有劲，灵活得吓人。

　　或许你会说，要是喝醉了，脚踩棉花似的怎么跳？可是很神奇的是，喝醉之后，能跳出平时跳不出来的动作，停在平时收不住的地方，简直进入无敌状态。

　　如果你也是跳舞的人，应该会理解的吧？！

　　从小到大，有一点我一直没有变，那就是对自己喜欢的事情，一定会深挖到底。

　　自从我迷上特基拉，我就开始学习它的历史、制作方法、品尝方法，调制鸡尾酒的方法，最终我考取了特基拉侍酒师资格。

　　对特基拉了解得越深，就越想遡本求根。

　　那就只能去原产地墨西哥特基拉村了！

　　而且，据说去特基拉村，就要乘坐梦一般的"特基拉专列"，火车上提供特基拉，想喝多少就喝多少。

走！
出发去打开特基拉世界的大门。

到处都是
"欢迎来到特基拉！"

坐上无限畅饮特基拉的最棒的火车"特基拉专列"，前往特基拉村。

火车里，墨西哥传统的流浪乐队边走边演奏，主持人更是把气氛搞得很活跃，就像演唱会现场一样。小推车上，齐刷刷地摆满了特基拉，大家都尽情地喝酒、跳舞。窗外缓缓移过的是整齐排列的龙舌兰种植园区……此情此景，真的是再好不过的了。

好几杯特基拉下肚，我兴致高涨，居然在火车上跳起了舞蹈，这可是我人生中的第一次哦。

喝酒，就一杯，就一口，就能突然改变一天。
喝的酒不一样，说的话也会变。
碰到的人、见识到的世界也会变。
于是，整个人生就变了。

酒真是个好东西。
正因为有酒，才有现在的我？！

好吧，今天继续痛饮美酒吧！

我

龙舌兰

制作特基拉的原料，是一种叫做"龙舌兰"的植物。

据说，只有气温、海拔、土壤等条件都合适，才能孕育出好的龙舌兰。

站在龙舌兰海洋中，看到它尖锐得可以拿来当武器的外形，我不可思议地感受到了生命的力量。甚至有点不敢靠近它了。

为什么喝了特基拉就有活力？
我似乎明白了其中的道理。

舞台！

"难过，开心，都喝特基拉。"
～墨西哥的俗语～

来，喝一杯，
打起精神来！

TRIP
DANCE EARTH

America 美国
August - September 2012

先破坏再创造之旅

先破坏再创造之旅。～ 1 ～

8月29日，从成田机场飞往旧金山的美国联合航空838航班的机舱里，USA无法入睡。换作平时，他应该已经把座椅放平，睡得很香。可这次不一样，明明没睡够，却一点困意都没有，看完了两部电影，吃光了全部餐食，拿出一本没看完的书看了起来，就这样度过了9个小时，终于抵达了旧金山。日本时间下午4点起飞，着陆时却是同一天的早上9点。这是16个小时时差"惹的祸"，也可以说是划算了。

驱车1个小时左右，我们到达了圣何塞（San Jose），在RV专业租车店租了一辆露营车。在美国，露营车被称为房车，两张大床、四人座的餐桌、沙发、厨房、洗手间、淋浴间、洗脸槽，一应俱全，确实是"移动的房子"。我们开着这辆房车一路向东北，目标直指650公里开外的内华达州沙漠。

那里有一个节日，叫做火人节。

这个名称，USA以前听过好多次。那是在美国西海岸的沙漠中举行的、5万人参加的盛会。会场被称为"黑岩城市（Black Rock City）"。

有艺术，有音乐，当然还有舞蹈，无所不有。极其残酷，极其好玩。了解火人节的人都在口口相传它的魅力，怎奈信息零碎，想象不出完整的样子。不过，有一点是肯定的，这个节日非常好玩。

那就只能亲自去看看了！门票非常紧俏，我们想方设法终于弄到了几张。带着仅有的一点信息，租了一辆房车，一路飞驰而去。

火人节始于1986年，由旧金山一个叫拉里·哈贝的人和他的同伴们发起的。

当时，拉里和女朋友分了手，萎靡不振，有一天他想到了一个主意，

做一个巨大的假人，然后隆重地把它烧掉。于是他和同伴们就到旧金山的贝克海滩（Baker beach）实现了这个想法。他们把假人称作火人，从那以后，每年都举行一次烧假人的仪式，渐渐地参加的人越来越多。

　　1990年，警察介入了这个持续壮大的仪式，禁止他们在海滩上燃烧假人。当时拉里和他的同伴们已经创办了一个名叫"杂音社团（Cacophony Society）"的艺术组织，他们开始出发去寻找新的场地，最终在位于内华达州北部的黑岩沙漠搭建了一个火人。那里是一个巨大的极其干燥的沙漠，在美国被称为普拉亚（Playa）。1991年火人节在普拉亚举行，参加者只有86人。

　　在2009年上映的火人节纪录片"Dust and Illusions（沙土和幻影）"中，拉里这么说道：

　　"我们没有钱。有的只是无政府无秩序的观念和大把大把的时间。当我们被禁止在海滩上举行火人节，来到黑岩沙漠时，我想，没错，就是这里。当时我举枪一通乱放，以每小时100英里的速度在普拉亚上狂奔。"

　　火人节逐年扩大。参加者从全美国甚至全世界汇集而来，会场被形形色色的艺术所装点，还建起了各种各样的俱乐部。2007年，参加者达到了5万人。这无疑是在沙漠的中央盖起了一座"城镇"。"杂音社团"的成员说：

　　"刚移到黑岩沙漠时，真的非常疯狂，所有的一切。但后来参加的人越来越多，发生了很多事故，像1996年车辆冲进帐篷的事故等等。壮大了，就需要有所牺牲。我们制定了车辆行驶规则，禁止擅自行动，禁止携带武器。超过4万人的城镇是需要规矩的。不过，我们认为没有必要把细节都全部进行规范。"

　　每年夏天，大约会有一个星期的时间，荒凉的沙漠中央会出现一座"幻城"。

　　午后，USA 开着房车从圣何塞出发，到达目的地时已经过了午夜12点了。下了柏油州道，顺着小路牌的指引，沿着一条满是尘土的破烂小路往前开了一段，就看到已经有好多房车排成长龙，尘土飞扬，弥漫在夜空中。

　　等了30分钟，终于排到了入口，接受了严格的安检，开进大门。这时，一名工作人员走过来说：

　　"欢迎！欢迎来到黑岩城市。你们是第一次来吗？"

　　"是的。"

　　"第一次来的人要先做一个仪式哦，快下车。"

　　USA 顺从地下了车。工作人员指着吊在木框上的一口大钟，说："你去用力敲一敲，然后就能沾上一身沙子了。"说完给了他一根木棍。"咣！"USA 狠狠地敲了一下钟，自己却被弹倒在地。"祝贺你！现在你也是这座城市的居民了。"工作人员笑着和 USA 拥抱。尽管 USA 的背上全白了，但脸上却堆满了笑容。这钟敲得实在太开心了。

　　尾随着前行的车辆，在黑暗中开了一会儿，就到了会场。无论开到哪儿，哪儿都有房车停着。完全不知道该怎么办，找一个空位暂且停下房车。

　　先干杯庆贺顺利抵达。仰头干了一听酒，到车外一看，夜间气温骤降，凉飕飕的。周围房车的灯几乎都灭着，不见人影。不管怎样，

走走看吧。凭着感觉往中心区域走去，渐渐地人多了起来。自行车跑来跑去。突然，从旁边蹿出一辆装饰着灯彩的诡异小车，车上的人们挥手喊道"Hi！"再往前走，发现四处都点着火，方便的露天酒吧、休息室散在其间。

"什么呀这是，太猛了！"

眼前的一切看得 USA 目瞪口呆，这时，远处传来了重低音"咚、咚、咚"的声音，似乎是土地的低鸣。

循声而去，豁然开朗。那是直径 2.5 公里的中心环区。对照着入口处领到的地图来看，整座城就是从这个中心环区呈放射状往外扩张的。老远就能望见屹立在正中央的火人。沿着环状的沟渠，点点光亮连结在一起，如同大海一般。沟渠中，好多辆跟刚才见到的一样的灯饰彩车交错滑行。抬头，一轮明月当空照。此景只应大上有，美得脱俗，让人想起了混入神奇王国的爱丽丝。

重低音的源头来自立在沙漠中的那个巨大的俱乐部，人们打扮得跟假面舞会一样，挤在一起跳舞。USA 看得心痒，忍不住加入了他们。这一瞬间，花了 20 个小时从日本辗转而来，USA 终于名副其实地成为沙漠居民了。

后来，接连去了好几家俱乐部，回到房车时，东方已经现出鱼肚白了。膝盖往下沾满沙子，白了一片。原本色彩鲜艳的鞋子此刻也完全分不清颜色了。从日本出发开始就没有合过眼的 USA 直接倒在床上，立马睡熟了。这漫长的一天终于结束了。

位于美国内华达州西北部的黑岩沙漠。

每年夏天快要结束的时候，就在这片干燥的、一望无垠的灰色大地上，整整一个星期，会上演一场满是锐舞、艺术、表演的超大型娱乐庆典。

它的名字就叫火人节。

来自世界各地的 5 万名奇人异士聚集在这茫茫沙漠中？！

在百花齐放的艺术和音乐的包围下，将上演史上最强的恶作剧？！

激光束照亮黑暗，24 小时不间断地跟着音乐狂舞？！

沙暴、雷雨等等，大自然还会偶尔发威来袭？！

最后要放火烧掉标志性的巨大的木制人像？！

查得越深，听得越多，我的心越兴奋。好奇传感器哔哔直叫，一点儿都坐不住了。

那就马上行动！

火速搞到门票，定好沙漠之旅。

这感觉就像误入了一个神奇的王国。
像是到了漫画世界里，又像是身在幻想世界中。

这个空间的规则和我们在日本认为理所当然的规则完全不一样，在这个空间里，大家都过得很快乐。

你相信吗？
这里的人们在赤身裸体地打排球哦。
据说这种运动的名称就叫做"裸体排球"（笑）。

感觉没法想象这一切都是现实。
这里是自由的，做什么都行。

毫不夸张，这一切完全砸碎了我以前的价值观。

地球上不存在这么自由的城市。
这可能是我第一次如此真实地感受到"自由"。

跟着内心的悸动。
跟着灵魂的喜悦。

我这一辈子都是这样。

兴奋的那头，
一定有什么东西会改变我的人生。

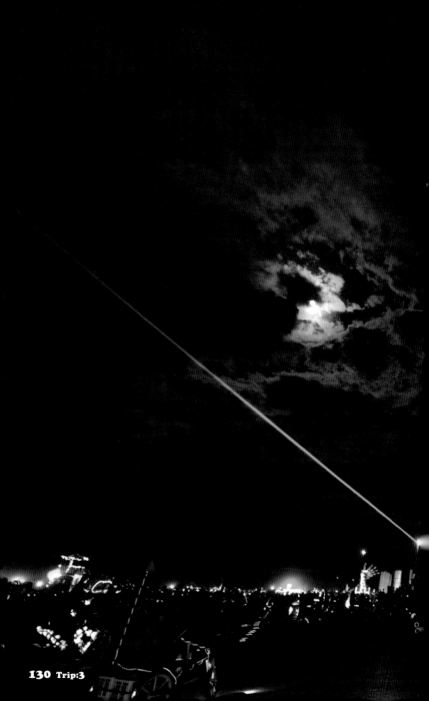

这里的人们，或一丝不挂，或打扮成奇怪的人偶，或穿着诡异的服装狂舞……

乍一看太疯狂了，乱七八糟，但是，绝对不是只有乱。

狂欢之中，没有留下一个垃圾，也没有争吵。
人类社会的基本伦理还是得到了遵从。

LOVE & PEACE.

我似乎触及了"自由"这个词的深层含义。

每个人出生的国家、成长的环境不同，所认为的常识也全然不同。

　　仔细想想，所谓常识不过是谁制定出来的而已。

　　就说来了一趟火人节
　　在日本我们认为不是常识的却变成了常识……

常识究竟是什么？
我们又是被什么束缚住了？

美国
America:2
August - September 2012
Text by Shin Ikeda

先破坏再创造之旅。～2～

做一个巨大的人偶，立起来，烧掉。这场火人节盛会是从参加者齐心协力完成一个目的而拉开帷幕的，它有一个原则："NO SPECTATORS"，不许袖手旁观。

意思是，所有参加者都是演员，而不是站在一旁的观众，都要表演点什么，艺术、音乐、舞蹈，什么都行。

还有一点很重要，禁止用钱买卖物品。所有参加者都需要准备好足够的食物和饮料来这里。这里只有一家官方咖啡厅可以购买咖啡，四周林立的咖啡屋、酒吧全部都是免费的。手机也没有信号，这无疑是对现代社会体系的猛烈批判。

脱离现有的价值观，大家一起努力，勾画一个新的社会。这是火人节的真正目的，而所有参加者都明白这一点，自发地去做到这一切。而且，这场盛会是在北半球最为残酷的自然环境中举行的，会期长达8天。这样的活动得以持续27年，足以证明美国这个国家的深厚。

第二天醒来已是下午3点。这一觉彻底补充了足够的睡眠。USA在房车的厨房里煮了一根香肠，炒了一个蛋，亲手做了一顿早饭。吃过早饭，边往外走边说"好，今天继续跳！"车外，白天的景致和晚上全然不同。

湛蓝的天空中，灼热的太阳毫不留情地照射着走在幻城网罗密布的街道上的行人。人们的穿衣打扮都十分随性，时不时能见着几个全裸的，而女孩子们（还有阿姨们）基本上都袒露着上身，只留一条游泳裤。一开始，真叫人不知道往哪里看才好，后来才发现，在整座幻城里，没有人会觉得这不正常。

所到之处，都能见到各种艺术作品或雕塑造型。秋千、蹦床、旱冰场、保龄球球道等等，亲手制作的游乐设施摆满了整座幻城。这些都是参加

者自掏腰包准备的。

USA 自言自语道："真自由啊！"不使用钱，不丢、不留垃圾。游戏规则少之又少，在这里，做任何事情都是自由的。不管是脱光衣服，

还是裹着皮外套。不管是跳舞，还是唱歌。不管是拦住来往的灯饰彩车搭顺风车，还是烂醉如泥倒头就睡。想怎么做，就怎么做。这么自由的城市，在地球上确实也找不出第二个了。

漫无目的地溜达了两个小时，回到房车睡午觉。时差在这时候也发挥了作用，很容易就睡着了。再一睁眼，已经过了半夜 12 点。USA 又出门融入夜晚的幻城。

"我觉得我开始习惯这里了，感觉我就住在这里似的。走，今晚继续玩儿！"USA 跳得比昨天更有激情，还带动周围的人一起跳，人越来

越多。是谁，从哪里来，没有任何关系。在这里，大家同是黑岩城的居民。

就这样又过了一天。终于到了结束的时候，马上要烧火人了。点火时间是在晚上 9 点，人们陆陆续续聚集到中心环区。太阳已经落山，黑暗中走来了一支手持火把的队伍。随着打击乐的节奏纷纷起舞，激情达到了最高潮，一片骚然。灯饰彩车闪烁着围在人群外面，USA 也是一副兴奋难抑的样子。

就在这时。"咣"的一声巨响，火人烧起来了。"喔——"人群中响起了震动天地的欢呼声。烟花升入夜空，火人张开双手越烧越旺。

"快乐——嘭！"

"新年快乐！"

人们互相祝福，不管认识与否。是啊，这个瞬间就是黑岩城的新年啊。人们每年回来一次，一起迎接新的一年。

"这个活动太棒了。不是锐舞（rave），不是庆典，这已经超出活动的范畴了。这是一场运动。真的很疯狂、很自由。这可能是我第一次这么真切地感受到'自由'。

而且，所有人都非常好，每个人都很开心，很友善。我没有一次感到过不愉快。也没有一次碰到过吵架或生气的人。疯狂到超乎常理了，却都恪守着礼仪。这么多人聚集在一个地方，却找不到一点垃圾。没有人喝得醉醺醺之后寻衅闹事，整个区域也完全没有嗑药的痕迹。甚至在大半夜，女生一个人赤身裸体地走在路上也不必担心。这一切真的是奇迹。我打心底里觉得，来了真好。"

　　"虽然只有短短 4 天，我却觉得我在这里生活过了。因为停房车那一带就像是城郊的住宅区，中心环区就像是繁华地段。从郊区进城去玩，跳累了返回房车时，我会想'差不多该回家了'。"

　　"刚开始，我很期待燃烧火人，但结束的时候我却不希望点燃它。点燃了它，就意味着一切就都结束了，我很失落。我一定还会再来的。那时我打算和朋友们一起在这里建起一座'舞动地球村'。"

　　对 USA 来说，环游全世界进行舞动地球之旅的记忆里，又多了一座难忘的城市。

　　"这个位置挑得太绝了，远离街市的巨大沙漠。白天灼热，夜晚严寒。一刮风就起沙，几乎把视野全部遮住了，还得裹上一身白。房车的污水桶很快就满了，澡都洗不了。一开始还犯愁该怎么办，后来很快就顾不上这些事情了。

　　从眼前经过的人、灯饰彩车，完全是在瞎胡闹，所见所闻感觉都不是真实的。不管做什么都行，非常自由。毫不夸张地说，我活这么大形成的价值观完全被打破了。

　　虽然是一年才有一个星期的虚幻世界，我却好几次都想，如果现实世界哪天也可以变成那样该多好。我由衷地这么想。Change the world. 如果我们发自内心地祈祷，那样的世界会到来吗？"

　　从旧金山回国的飞机是第二天上午 11 点。再不准备出发就来不及了。USA 转身离开了越烧越旺的火人，向他已经住惯了的房车——家走去。

参加火人节的人们都自带帐篷或自驾房车（露营车）来，
那就是住所——据点。食物、水，都由自己负责。自己准备好
必需品，来到沙漠中野外求生。

我们从旧金山租了一辆房车，一路开到会场所在的沙漠里。
有床、有厨房、有卫生间、有淋浴，麻雀虽小五脏俱全！
满心期待舒适的沙漠生活……
可是，水桶很快就干了，没法淋浴了。连碗都洗不了。

走出房车，没有风的日子非常宁静，
一刮风，飞沙走石，四周完全看不见了，真有点可怕。
接着，全身上下瞬间沾满了尘土。
没法淋浴了，只能满身沙子地倒床而睡。

超乎想象的艰苦。

对不起！
沙漠，我低估了……

被卷入沙暴，什么都看不见的时候，
很害怕，却莫名地雀跃。

茫茫沙土的尽头，我看到了忽闪的光亮，
听到了超棒的声音……
我朝着那里飞奔、狂舞。

太高兴了!

别当观众。

NO SPE

ATORS.

按照别人制定的规则或命令来做，真的很轻松。
这么活着，或许……

可我却喜欢思考"如果是我，会怎么做？"之类的问题，
自寻烦恼。思考有时是很头疼的，但我觉得只有这样，
人生才有快乐。

在火人节盛会中，每一位参加者都是表演者。

经常问问自己，
如果是你，你会怎么做？
这样的世界，
其实非常惬意。

一个年轻人，和女朋友分手了，为了给这段恋情画上句号，他做了一个巨大的人偶，烧掉了。

　　这么一个小小的契机，衍生出这样极其好玩、不可思议的世界，太有意思了。

契机是什么，其实根本无所谓。

这是一个一年只有一个星期的虚幻世界，我好几次都在想，要是这个世界成为现实，不也挺好的吗？

　　地球上出现更多不一样的世界，不也挺好的吗？

　　如果我们用心去设想，或许就可以变成那样的世界吧？
　　我似乎感觉到，通过这趟旅程，我能飞身跳进我用心设想的那个世界了。

　　这个念头越强烈、越多，地球就会变成那样的世界吧？

身在这个瞎胡闹的世界里，我浮想联翩。

"那是什么？那样也行？那样也 OK 的话，我可以做得更好呀。"

就这样，之前已成定势的内向一面，一点一点被打破了。既然破坏了，那就重新再建起来。

如果害怕被破坏，
就会否定自己，不让自己脱离常识和规则的轨道。

可是，如果你能这么想：破坏了，就再创造新
的！
世界就会无限延展，越来越快乐。

打破常识。

常识是什么？
一般是什么？

那些不过都是别人随意制定的罢了。

舞蹈也一样。

不能陷入别人定好的模式里，
要自由。更自由。

打破固守的概念或思维方式，
创造全新的自己。

常识，不是用来遵从的。
而是要靠自己的力量，重新创建的。

随性地活着!
我们是自由的。

4

TRIP
DANCE EARTH

巴西
Brazil
October 2012

改变世界的艺术

巴西
Brazil:1
October 2012
Text by Shin Ikeda

改变世界的艺术。～1～

 我们居住的这个星球，还有很多我没有接触过的舞蹈节拍，我想掌握它们。我想和全世界的人一起跳舞。

USA 满脑子都是这个想法，于是就在 2006 年启动了舞动地球之旅。"改变世界"是这本书的主题，这已经是第 3 本了。这本书的旅行最后一站是巴西，仅次于圣保罗（São Paulo）的第二大城市里约热内卢（Rio de Janeiro）。先说说为什么选择里约吧。

里约有一个叫做"Afro Reggae"的团体，那是一支有名的乐队，非裔巴西人（黑人巴西人）队员们把强烈的说唱和击鼓节拍融合在一起。这支乐队于 2001 年签约环球音乐，成功在全球出道。

更为与众不同的是，他们在开展自己的音乐活动的同时，还运营着一个免费教孩子们学音乐的非政府组织（NGO），教学以打击乐器为主，涉猎各领域的舞蹈和歌曲、乐队等等，并且通过各种渠道传播出去。

Afro Reggae 的成员生长在里约热内卢被称为"法维拉（favela）"的地区。法维拉的意思是贫民窟，在那些地方，穷人们非法占有空地，擅自建起房屋，安家落户。

里约热内卢的法维拉有 600 个以上，最大的叫做"罗西尼亚"，据说住着 20 万人。罗西尼亚贫民窟堪称中南美洲最大，也是世界最大的贫民窟。

法维拉面临着很多问题，最为严峻的就是黑社会的存在。正如 2002 年拍摄的电影"上帝之城（City of God）"里描绘的一样，黑社会之间的争斗频频发生。于是，军队警察介入，不断发生激烈的枪战，众多居民受到牵连，在枪战中丧生。现在治安已经恢复很多了，但是依然残留

着大部分黑社会。

1993 年，黑社会分子袭击并射杀了 4 名警察，以此为开端，军队警察冲进法维拉，不加区别地杀害了 21 名平民。在巴西，警察纪律极其松弛，平时，他们不仅从市民或游客手里骗点小钱，还会把没收的毒品、武器倒卖出去，这导致法维拉治安恶化的持续升级。

Afro Reggae 的队员都是生在法维拉，长在法维拉的。乐队的核心人物叫安德森·萨（Anderson Sá），曾经也混过黑社会，他在激烈的争斗中失去了弟弟和所有的同伴，走投无路时付诸歌唱，开启了音乐道路。NGO 的代表、创始人 José Junior 也是在失去了好几个同伴之后，一心想亲手改变法维拉而创办了这个 NGO。安德森说：

"黑社会成员的平均死亡年龄是 14 到 25 岁。当年我加入过黑社会，在和毒品组织的对战中，我失去了同伴，无辜的弟弟也在酒吧被警察开枪打死了。就是在 1993 年那次事件中。很长一段时间，我心灰意冷，悲痛欲绝，就在那时，我明白了政府是不会帮助我们的。那么，要想终止这种暴力该怎么办呢？我们自己可以做点什么呢？没错，音乐。我们可以利用音乐和文化发动一场革命。音乐可以传递到任何一个人的内心里。我爱养育我的法维拉 Vigário Geral，但是'TO BOLADO（够了）'。这给了我灵感，我可以把它变成歌词唱出来。音乐是革命的手段嘛。阻止暴力最强大的武器是文化。"

于是他组建乐队，开始唱歌。

——够了！够了！

在 Vigário Geral，劳动人民被杀害了。
21 名市民死于警察的报仇行动。
他们是要为被毒品黑帮杀死的 4 名警察报仇。
够了！够了！
正确的道路通向幸福，
错误的道路通向地狱。
身为 Vigário 的男人，
我当然很爱这里，但是
够了！够了——

后来，安德森遇见了活力充沛、领导能力强的 José Junior，两人一起启动了 "Afro Reggae" 项目。

一边参加乐队演出，一边把乐器运到法维拉，招募愿意教授打击乐器的有志之士。孩子们多了，乐器就不够了，他们捡来空罐子、废弃的汽油塑料桶当鼓，用棍子敲击。那是 1993 年。

当 USA 得知 Afro Reggae 的存在，就非常想去见见他们，因为他们实实在在地正在改变着自己居住的地方。坚信舞蹈可以改变世界的 USA，希望和他们交流，跟着他们的节拍跳舞。于是，USA 出发前往里约热内卢。而且，就住到法维拉里去。日本摄像师伊藤大辅举家生活在法维拉，经营家庭旅馆，USA 便选择住在那里。

从成田经伦敦抵达里约热内卢国际机场。巴西的地理位置和日本正好相反，USA 到的时候正是那里的初夏。那是一个阴天，但很暖和，微

　风轻拂脸颊。USA 和前来迎接的伊藤先生汇合，打车去伊藤先生家。出租车沿着喧闹的海滩行驶了大约 30 分钟，拐进一条细细的、弯弯曲曲的陡坡路，四周的感觉一下子变了。不一会儿，就到了路的尽头，一行人下了车。这里就已经是法维拉了。接着爬上一段很陡的阶梯，终于到了家庭旅馆。

　　伊藤一家（夫人和孩子）住在 1LDK 的主房。客房大约 8 张榻榻米大小，房间里放着两架双层床铺，还带有小厨房和淋浴室。和红砖堆砌的简陋外墙相比，房间里铺着瓷砖，十分洁净。在这里住上一个星期正好合适。虽然住高级宾馆是一件非常容易的事情，但是能够体验法维拉真正的生活却是机会难得。这就是 USA 的旅行。

　　USA 来到的法维拉"巴比洛尼亚"是在山上，几乎覆盖了整个半山腰。从这里可以俯瞰连结依帕内玛海滩（Ipanema）和科帕卡巴纳海滩（Copacabana）的举世闻名的莱梅（Lame）海滩。山坡上盖起的房屋鳞次栉比，像极了手工制作的小房子层层折叠起来，水泥阶梯路见缝插针似的蜿蜒其间。伊藤先生说："最近设立了警察派出所，这一带就不再有黑社会了。"怪不得丝毫觉察不到危险、阴毒的气息。相反，看着孩子们在小路上玩耍，听着隔壁家传来的说话声和广播声，还有小鸟在啼叫，四处拉绳晾晒衣物。此情此景，再与俯瞰莱梅海滩的绝妙美景交相辉映，让人觉得，这就是一个非常惬意的山间农村。

　　"这里真是个好地方啊。和我想象的完全不一样。看来，扰乱治安的也就是一部分黑社会分子，其实这里的生活也很安宁啊。"USA 彻底放松下来了，笑着说道。

巴西，里约热内卢。

市中心高楼林立，还有那个知名的里约狂欢节，给人感觉非常阳光、有活力。然而，另一方面，里约热内卢还存在着众多叫做法维拉的贫民窟。

贫民窟的孩子们过着贫穷的生活，他们口中的未来就是"加入黑社会"。于是就很顺理成章地染指暴力和毒品，开始从事黑社会这份"工作"。

为了阻断这个恶性循环，有一个机构正在借用音乐这个手段，真正地改变着世界。这是一个朋友告诉我的。

他们的名字叫做"Afro Reggae"。

这是一个非政府组织（NGO），他们通过音乐和舞蹈，告诉法维拉的孩子们，除了加入黑社会，还可以有别的可能性、别的梦想、别的目标。他们努力要开创一个全新的世界。换句话说，他们是一个要用音乐和文化改变世界的革命者群体。

"我想用跳舞改变世界。"

我一直模糊地描绘的这个梦想，已经有人把它变成现实了！我欣喜万分，起了一身的鸡皮疙瘩。

我一定要去见一见他们。
呼吸他们的空气，跟上他们的节拍！

CHANGE THE WORLD.
前往光、影交织的里约。

为了真实地感受 Afro Reggae 的节拍和法维拉的空气，这一次，我来到了法维拉的正中心。

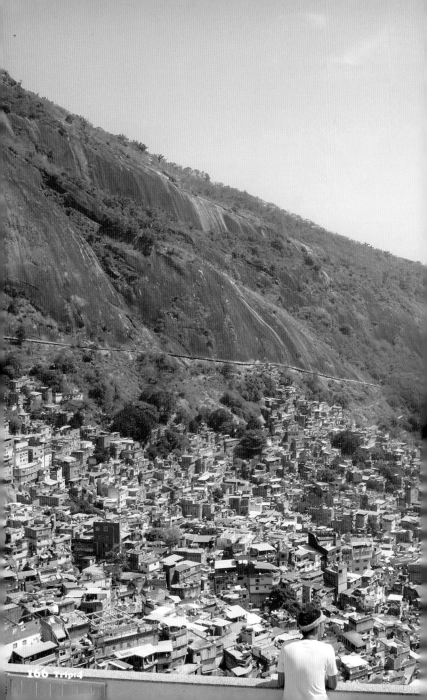

危险的地方。可怕的地方。

一度给我这种印象的贫民窟法维拉，
其实是一个非常惬意的地方。

以前来里约的时候，我都有意识地撇开视线，
不去看，然而，
恐怖感却是一味地膨胀。

站在山顶上，眺望大海，任风吹过。
我知道，在我心里，又一扇新的大门打开了。

一个握着手枪的少年和我擦肩而过。
这是日常很普遍的一幕，真正接触到这个事实，
我大受震动。

孩子，本该是不会想要杀人的。
我们可以让孩子们看到什么样的未来呢？
这正是我们大人的责任所在。

夜晚，街上满是舞蹈和音乐。
只要桑巴的节奏一起，任何人都会欢快地跳起来。

就算在路边上跳，也不会招致别人的反感。
在这里，有音乐的地方就都是舞池。

如果整个世界都笼罩着这样的空气，
和平就应该能够变成现实。

这趟旅程，我真的在各种地方跳过舞。

甚至红灯区，虽然没有胆量进到店里去。
还有酒吧、俱乐部，人头攒动的空间。
似乎是最糟糕的，却是最棒的一次旅行。

不管是哪里，都可以自己把它变成快乐的舞池。

如果我生活在这里，现在会变成什么样子？
我喜欢这样想象。

如果我生在法维拉，生活在这里……
说不定我也加入黑社会了……

不过，我一定也在跳舞。
因为那里有舞蹈。

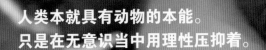

人类本就具有动物的本能。
只是在无意识当中用理性压抑着。

所以常常会很紧张。
积累起来的东西，就要想办法打开它把它发泄出去。

我相信，其中一种办法就是舞蹈。
自古以来，全世界、全日本，一直有各种各样的庆典活动，
不就是为了"啪"地一下释放出动物本能吗？

让人束手无策的感情、精力，该投向哪里？
如果不投向暴力，而是音乐、舞蹈，
一定就会非常 HAPPY！

我们每个人的身体里，
都流淌着生命的韵律。
正是这一点，把我们维系在一起。

改变世界的艺术。～2～

第三天，前往 Afro Reggae 总部所在地 Vigário Geral。出租车开了大概 1 个小时，我们在铁路旁边一个破落的小镇加油站下了车。Vigário 在铁路对面，出租车开不过去。本来走过铁路上方的天桥就到了，结果一打电话，对方却回答说："光靠你们自己是进不来的，我出来接。"不一会儿，工作人员就来了，打过招呼之后，他提醒道："把相机、摄像机收到包里。"原来，Vigário 至今黑社会的势力还很强。"走吧！"我们过了天桥，走下楼梯。一个少年孤零零地倚靠在楼梯平台的扶手上。无意中看了他一眼，居然发现他右手正握着一支手枪。下了楼梯，USA 说："这小孩手里是拿着枪吧？是真枪吗？不，应该不可能是玩具枪。我在心里告诉自己，不许看，但眼睛就是不由自主地看了过去。小混混居然敢这么堂而皇之地……"实际上，在这里，拿枪少年实在太"常见"了，完全没有实感，那对我们日本人来说可是杀人武器啊。USA 第一次接触到了法维拉真实的另一面，倍感震惊。

Afro Reggae 总部是一栋 4 层楼的气派建筑，入口是一个常设舞台，观众区有半块篮球场那么大。楼里，录音棚、舞蹈室、电脑室、彩排厅等等，设施很是齐全。他们说，这些都是几年前备齐的。

有一个著名的专业舞者从日本来的消息早已经传遍了，很快，一群孩子们把 USA 团团围住。USA 参观了各个楼层，在录音棚见到了聚集在那里的安德森·萨和乐队成员们。互相打过招呼，郑重地握了手，他说："1993 年创办 Afro Reggae 的时候，我们没有钱，没有门路，什么都没有。因为太穷，有的伙伴就离开了。但我们想到什么就不顾一切地坚持去做，终于越做越大。到了 1997 年，我们获得了美国财团的援助。现在，巴西的石油公司和化妆品公司是我们的大赞助商，我们在 6 个法维拉设有分

部。我们也曾经卷入黑社会之间的斗争，但我们始终保持中立，为和平而战。现在他们也非常尊重 Afro Reggae 哦。"

后来，USA 去参观了舞蹈和击鼓队的彩排。每一个人都非常认真，完成质量之高让 USA 叹为观止。这时，他们的宣传负责人说了一个提议。

"这周五，孩子们会在这里做一场公开表演。您也上台表演一个吧？"

当然，USA 二话不说，答应了。

巴比洛尼亚贫民窟的生活非常舒适。晨鸡报晓，把人从睡梦中叫醒。小鸟在歌唱，松鼠时不时露出小脑袋。一整天听着远处的海浪声。和附近爽朗的巴西人互相问好。虽然下山要走很长一段阶梯，还得上坡下坡的，即便这样，如果把这当成是一种很好的运动，自然就能感觉非常快乐。

在街上闲逛，尝试各式各样的巴西美食，随意躺在白得发亮的海滩上，在沾脚都会跳开的冰冷海水中游泳。找一家桑巴舞学校进去上一节课，去参观狂欢节要表演的顶尖团队的彩排，结果突然闯进去一起跳起来，获得一片鼓掌喝彩。晚上，来到播放着桑巴舞曲的街角喝酒、跳舞。巴西人极其豪爽，所有人都超级喜欢舞蹈。只要桑巴舞的节奏一起，在场的每一个人都会娴熟地踩出舞步。不管在哪里，USA 一跳，就会瞬间被人群包围起来。

"在这座城市里，有音乐的地方就都是舞池。似乎每个人的血液中都有桑巴舞的舞步在流动。就算在马路边上跳舞也不会遭人白眼。真的是一个舞蹈天堂！"USA 在巴西非常尽兴。

公开表演的前一天，USA 接受了巴西国家级电视台的采访，然后就到公开表演的那一天。USA 和几个喜欢 Hip Hop 的孩子在彩排厅简单交

流了一下，表演马上就要开始了。观众席上坐满了当地的男女老少。

击鼓队开场。非裔巴西人的又快又猛的节奏，马上就把现场气氛带动起来了。接着 USA 上台了。舞曲的开头非常静，USA 双手抱臂，像是瞪着观众一样，在台上走来走去。观众们满脸疑惑，安静了下来。下一个瞬间，舞曲突然变快，与此同时，USA 猛地一个高高的扫腿，就像成龙那样。接着就秀了一曲劲舞。全场一下子欢腾了起来。大婶大妈们鼓掌，叫喊，站起来跟着跳。当 USA 把三个孩子拉上台时，现场达到了最高潮。一曲舞毕，USA 汗流浃背地刚刚走下舞台，就被孩子们团团围住了。

　　"太棒了！我在法维拉生活了一个星期，那里可是当地人也没有进去过的地方，更别提外国游客了。而且，在法维拉，我还见到了Afro Reggae，和他们一起跳舞。好几次我都看到黑社会分子从我眼前走过去。贫民窟给人的印象是地狱，但其实生活在那里的人们都是好人。他们的家都很小，而且建得很密集，所以附近邻居的关系非常密切，让我有点觉得这里其实是天堂。

　　不可否认，贫民窟的人们还很穷，不少孩子接受不到良好的教育而被抛弃，加入了黑社会。靠毒品交易很容易赚到钱，还能获得女孩子的青睐。但是，这样做是以生命为代价的。这就是法维拉的现实。也让我再一次感受到，日本真的是一个非常好的国家。

　　在这样的环境中，自己加入过黑社会，亲身经历过失去朋友失去亲人的勇士们站了起来，只为了用音乐改变自己的街区，而且做到今天这般规模，实在让我感动。事实上，已经有一些孩子们加入了Afro Reggae之后就离开了黑社会。在法维拉，我自己也重新认识到了，我一直在做的事情、想做的事情——'跳舞可以改变世界，我要通过跳舞来改变世界'没有错，并不是梦。"

　　谢谢，巴西。谢谢，Afro Reggae。生活在地球另一端的、无比豪爽的里约人（＝Carioca人）。这趟旅程之后，USA又在广袤的地球上找到了一个家。

与其杀戮，不如相拥相吻。

一旦洗去世界的污秽，
我们就会消失了吗？
我不希望这样，
所以我想用我认为美妙的生存方式和地球一起奏出悦耳的和声。

孩子的改变，
就意味着世界的改变。

Afro Reggae 的品质之高、存在感之强让我敬佩。
但同时，我也满腔豪情：
"我也不能输给他们。"

幸运的是，我现在所处的位置多多少少可以对别人产生影响。
也正因此，我压力很大，"万一我做不到……"

我想做。
我一定要做到！

结束了这段旅程，
我由衷地觉得，从此，
不管去世界上的哪个地方，我都可以
快乐地生活。

灵魂可以随时
自由地去任何地方，
出发去旅行吧。
让整个身体
gotta keep on moving.
　　——选自《生命的节奏》

5
TRIP
DANCE EARTH

日本
Japan
September - October 2012
生我养我的国家

日本
Japan:1

September · October 2012
Text by Shin Ikeda

生我养我的国家。～ 1 ～

那场大地震已经过去两年了。

大地震和大海啸侵袭了日本东北地区，瞬间夺走了超过 15000 条生命。自然的威力让我们永远难忘。

本书日本版的出版社 A-Works 发起的公益组织"在路上"在石卷建起了一座志愿者村，留下了共计 25000 名志愿者辛勤的汗水。USA 也在百忙之中抽出时间参与了重建。

大地震引发的核电站事故给以福岛为中心的区域造成了严重的灾害，至今还有超过 16 万人被迫过着避难生活，至今还没有找到解决现状的头绪。USA 参加了"在路上"组织的清除放射性污染的活动，带动越来越多的人一起跳舞。

"大地震发生之后两三周，我就来到石卷，清理污泥。毕竟我是舞者，希望能用舞蹈、用音乐帮上一点忙，只是当时的状况不可能马上跳得了舞。所以又过了一段时间，得知有条件可以跳舞了，我非常开心。

我还参加了福岛的清除放射性物质作业。真的相当艰难。那天，很意外地下雪了，我们冒着大雪，先扫雪，再清除放射性物质。而且那天晚上，我们到了一所原来就只有 10 名学生的小学，其中 7 人离开避难去了，只剩下了 3 个人。我和孩子们还有他们的妈妈一起在温泉旅馆跳舞。当然，可能他们看到 EXILE 就已经很高兴了，但更单纯地，只要我跟他们一起跳，他们就非常开心，只要他们开心，跳多少次我都愿意，Choo Choo TRAIN 也不知道转了多少圈。

后来我去小学教舞蹈的时候，也担心父母们不愿意让孩子出来，学生能不能聚得起来，不过最后还是来了几百人。小学操场盖起了防震棚，没有地方让孩子们玩耍了。接二连三的变故，孩子们要么很紧张，变得

有些抑郁，要么总想起伤心的事情。知道这个情况之后，我想，如果他们跳舞，一个人只需要一平方米的空间就够了，走廊也好，楼梯平台也好，随时随地都可以尽情地发泄出来了。于是我就决定去教他们跳舞。尤其福岛，当时的情况还不允许大家在户外玩耍。不过我以前也就在家里对着镜子跳的，虽然给家人制造了一些麻烦。不管怎样，我真的希望孩子们可以尽情地发泄出来，恢复以往的活力。那天，来学跳舞的人都露出了发自内心的笑容，看着那一幕，我感觉来这一趟真的很值。

　　一开始，大家都很僵硬，而且孩子们也有些自我封闭，不过可能因为心和身体是连在一起的吧，跟着音乐打打节拍，跳一跳，很自然地身体就舒展开了，听着音乐，大家的心情都好了起来。身体舒展了，内心自然也就舒展开了，内心和身体真是紧紧相连的啊。最终，真的几乎所有人都能跳一些简单的舞步了。

　　我想，他们在跳舞的时候，能够忘掉一切吗？哪怕只有那一刹那。我还想继续跳舞，希望他们能早一点可以随时出去玩，这种念头更加强烈了。因为我想让路上遇到的每个人都能开心，都打起精神来。"

　　不丹、牙买加、加勒比海、古巴、墨西哥、巴西，USA 结束了这一连串改变世界的旅程。他决心要邀请孩子们去他和朋友们一起建起来的"舞动地球村"里玩。

去过越多的国家，我就越想了解日本。
越希望改变世界，
先从日本开始的想法就越强烈。

2011 年 3 月 11 日，日本东部发生了大地震，

有生以来我第一次冒出了一个念头: 现在不是跳舞的时候。

我很发愁，身为一名舞者，我什么都做不了。没有跳舞的
日子就这样一天一天过去了。

**"再小的事情也好，难道作为一个普通人，就
没有事情可以做了？"**

我再也坐不住了，立马出发去石卷，

加入了朋友们发起的 NPO 援助行动。不要想得太复杂，
先动手开始做眼前能做到的事情。抱着这种想法，我和大家一
起刨淤泥，清理瓦砾……

这一步，改变了我的内心。

自己一个人能做的事情，真的太微小了。

但是，眼前真真切切地有人因为我而开心。

我发现，这个经历反而让我振作起来了。

接下来，我要用我自己最喜欢的舞蹈，让大家振作起来。
这个念头让我看到了光明。

为了用我自己最喜欢的舞蹈，让大家振作起来，哪怕是一点点。

　　我在石卷、大船渡等地方，开了几堂教孩子们跳舞的公开课。

　　下一站是福岛。

　　我要去参加"F-WORLD"计划，这个计划旨在号召人们接受福岛的"现实"，感谢大自然的恩惠，和家人、和朋友、和对自己很重要的人生活得比以前更快乐，一起构建比以前更美好的城市。

　　作为这个计划的一部分，我要在福岛教孩子们跳舞。

　　一开始，孩子们都很僵硬。

　　但是，身心相连，

　　跳着跳着，身体一点一点舒展开来，

　　接着心也放开了，出现了越来越多的笑脸。

　　看到他们真心享受这一刻的样子，我真的很开心。

我钟爱的"舞蹈"，

果然是最棒的。

我还想再和福岛的孩子们一起跳舞。
我很希望他们早日可以自由地在外面玩耍。
我想保护那些对核辐射深感不安的孩子们。
这些念头不断膨胀。

这次，我参加了福岛的朋友们启动的计划。
为了创造条件让孩子们可以毫不在意核辐射，满头大汗地在外面玩耍，这个计划旨在清除放射性污染，建设"室内综合体育设施"。

为了这个计划能早一天实现。
身为一个日本人，身为一个舞者，
我决心尽我所能，参与其中。

希望有一天，大家能够完全不在意核辐射了，悠闲自在地玩耍。
然后，离开福岛的人们也能够安心回来。

【福岛室内公园建设项目】
http://fw-p.jp/indoor.html

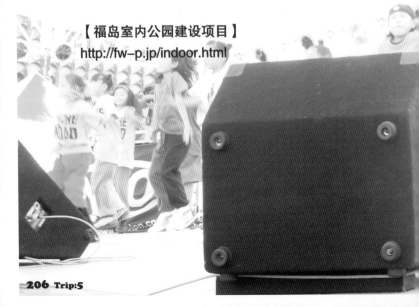

"为什么要当志愿者？"

很大一个原因当然是，我希望大家能够开开心心的。

还有一个很单纯的原因，和大家一起跳舞是一件很快乐的事情。

自己也高兴，大家也开心。

太棒了！

或许这就是我幸福的原点。

自己的梦想，
就算是说出来会被人笑话的梦想，也完全没关系。
梦想不是有就可以的，
说出来的那个瞬间，变化就开始了。

Japan:2
日本

September - October 2012
Text by Shin Ikeda

生我养我的国家。～2～

"我在全世界很多舞台跳过舞，不管是在印第安圣地，还是在牙买加路边，不管是在伊维萨，还是和非洲人类发源地芒萨族人一起跳跃，在大自然中跳舞是最让人心情舒畅的了。因为我体会过这种心情，所以我想，要是日本也有这样的地方，那就太棒了。

我本来就不属于崇尚自然的人，更多偏向于夜猫子型。但我明白坐在山上吃饭团非常美味的那种心情。在一次又一次的旅行中，我越来越觉得，虽然俱乐部是现代诞生的事物中我最喜欢的一个，但是，每天都在变化多端的天空下跳舞是最棒的。既然日本没有这样的地方，那就只能自己建一个了。这就是建造"舞动地球村"的契机。

现在，小村子里已经建起了小木屋，开垦出了农田，搭好了 DJ 台和舞池，还停放着一辆房车。其中，DJ 台应该是世界上绝无仅有的了，非常棒。那是搭在树上的'玻璃球型宇宙飞船树屋 DJ 台'。我们的构思是，宇宙飞船遭遇紧急迫降，被卡在椰子树上了。"

"记得在牙买加，从内格里尔（Negril）开往蒙特哥贝（Montego Bay）的车里，我听说'在全世界办路边舞蹈露营'的事，当时我就想，在我们的村子里也要做这个，名字都有了，就叫做'天然舞蹈露营'。"

结束了全部的旅程，USA 举办了一场"天然舞蹈露营"，邀请了在福岛遇到的被限制外出玩耍的孩子们，还有在 EXPG 学习的东京孩子们。

应邀参加的孩子共有 20 名左右，他们很快就成了好朋友。巨型流水挂面拉开了活动的帷幕，接着舞蹈课堂、刨冰、水枪大战、边跳舞边播种、在"振动发电板"上跳舞点亮 LED 的舞蹈发电、篝火晚会……尽情玩耍了整整一天时间，晚上支起帐篷钻进睡袋里睡觉。孩子们旺盛的精力让 USA 筋疲力尽，但他的脸上堆满了笑容。

　　"孩子真的很棒。精力充沛，而且都是玩耍的天才。我发自内心地觉得，为了孩子，我们这些大人必须做个好榜样。虽然，因为我们这些大人的错，让福岛陷入了这么糟糕的境地，孩子们都不能到户外玩耍了，但是，说得极端一些，如果他们长大成人之后，可以很释怀地说起核辐射，比如'就因为我小时候没办法去外面玩，所以就一个劲儿地练跳舞了。所以说，是舞蹈带我走到今天的。'之类，那就太美好了。这些孩子才华横溢，或许将来我们会因为工作，站在同一个舞台上，如果我能帮到他们，就太棒了。

　　从'学会全世界所有节奏'这个想法开始的舞动地球之旅，每一次旅行都带来了一些变化。可能是我明白了，旅行不仅可以让自己有所得，还可以对那片土地、对自己的国家和那里的人们有所贡献。也可能是我已经变成了一个希望自己那么去做的人了。在地球上有所得，在地球上有所贡献。现在，对我来说，这才是最有意思的事情。

　　不幸的地震已经发生，忧心忡忡是无济于事的。正因为发生了地震才会让我们意识到一些事情，遇到一些人。这是非常美好的。我就是因为一直坚持自己最喜欢的舞蹈，才会开始环游世界，才会遇到这辈子应该遇到的人和事。这种感觉非常强烈，也让我非常高兴。以后的我，还是会突然间想起去哪里就出发去哪里，或者说是跟着自己的灵感走。那个地方一定有什么在等待着我。"

　　宇佐美吉启，EXILE 的舞者 USA。他的旅途还将继续，永无止尽。

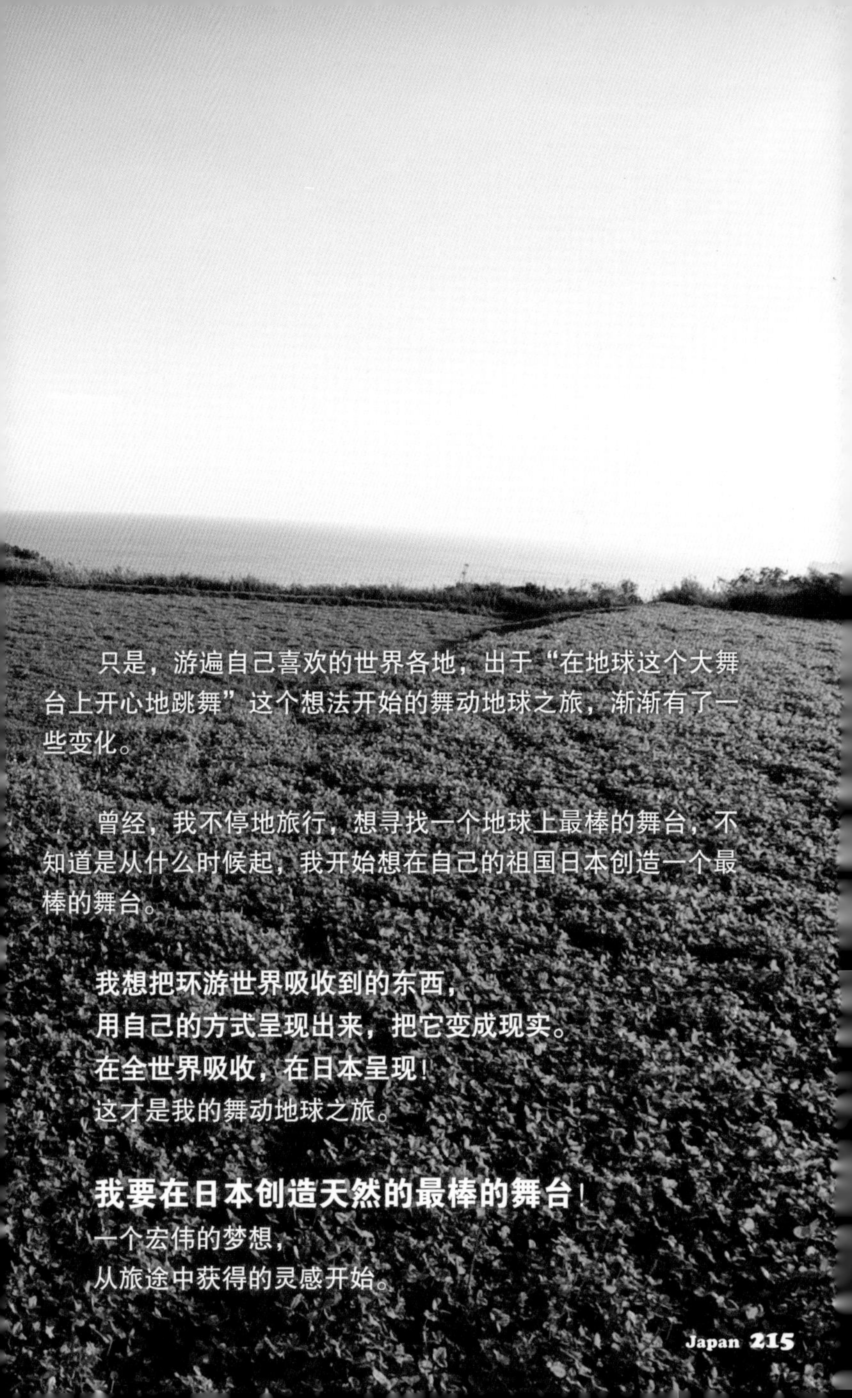

只是，游遍自己喜欢的世界各地，出于"在地球这个大舞台上开心地跳舞"这个想法开始的舞动地球之旅，渐渐有了一些变化。

曾经，我不停地旅行，想寻找一个地球上最棒的舞台，不知道是从什么时候起，我开始想在自己的祖国日本创造一个最棒的舞台。

我想把环游世界吸收到的东西，
用自己的方式呈现出来，把它变成现实。
在全世界吸收，在日本呈现！
这才是我的舞动地球之旅。

我要在日本创造天然的最棒的舞台！
一个宏伟的梦想，
从旅途中获得的灵感开始。

在俱乐部跳舞当然有在俱乐部跳的乐趣，
但在最舒服的地方跳舞，真的非常棒。
尤其是在大自然里、在天空下跳舞，非常惬意。

如果有这么一个地方，我每天都会去……
既然没有，那就自己建！

带着这个想法，我开始寻找理想的土地。终于，我找到了。
阳光灿烂，
青草繁茂，
面朝波光粼粼的大海。
绝佳的环境，广袤的大地。
我要在这里，从零开始，打造我自己描绘的最棒的舞台。

尽情跳舞，尽情享受自然。
生存所必需的一切都在这个……

是的，这个村子里。
村子的名字就叫 DANCE EARTH VILLAGE！

这个宏伟大计从拔除繁茂的杂草开始。
环游世界吸收到的精华，将如何呈现出来呢？
敬请期待！

【DANCE EARTH VILLAGE】
http://www.dance-earth.com/village/

　　我和志同道合的朋友们一起，和工匠们一道，一点一滴地建起来。

　　架起了一顶巨大的帐篷（带地炉的！）作为据点，
运来了露营专用的活动房，
搭建一个能够在天空下尽情跳舞的舞台，
把全世界绝无仅有的玻璃球型树屋·DJ台安到树上，
启动了靠跳舞引起的振动来发电的"跳舞发电板"，
还开垦出农田，迈出了自给自足的第一步。

目标——100%

一个个部件组装起来，就能做成一个庞然大物。
梦想，也是这样！

兆舞发电！

在喜欢的事情上，要呈现出最棒的状态。
这是我的人生主题。

只要是自己真正喜欢的事情，
无论是谁，都会成为天才。

我坚信这一点。

旅途中，在开往牙买加蒙特哥贝的车里颠簸时，我的脑海里冒出了一个主意。

在大自然中一边体验自给自足，一边通过身体的舞动感受对大自然的感谢之情。要是能在 DANCE EARTH VILLAGE 办一个这样的露营，就太好了！

名字就叫"天然舞蹈露营"！

"让孩子们接触到自然和舞蹈，让他们多一个 HAPPY！"
回国之后，马上就办了起来。

我邀请在福岛遇见的孩子们来到村里，准备了各种各样的活动。

巨型流水挂面、舞蹈课堂、刨冰、水枪大战、边跳舞边播种、篝火晚会……

在广袤的天空和大地之间，尽情地跳着、玩着、说着，我们成了朋友。

虽然偶尔很残酷，但大自然是伟大的，无时无刻不在温柔地包围着我们。

我希望，这么美妙的大自然能够永远永远保留下去。

做着自己最喜欢的事情，同时牢记这一点，真的非常重要。

就算相隔一方，在同一片大地上，在同一片天空下，

我们永远相连在一起。

下次再一起跳舞吧！

会跳舞的蔬菜

要想跳得有劲，"吃"很关键。

在 DANCE EARTH VILLAGE，我们坚持无农药、无化肥、只种本地品种，一边跳舞一边播种，让蔬菜们听着音乐长大。这就是我们培育的"会跳舞的蔬菜"。

靠我们倾注爱心去栽培、靠大地的力量自由成长的蔬菜是最好吃的！

我已经学会了全世界的节奏！
真希望我离开人世之前可以做到。

不是跳才叫舞蹈。
走路、吃饭、喝水，一切都是舞蹈。
在旅行中，边品味，边享受，边融入，边跟上节奏。

我要继续旅行，学会名叫人生的那种节奏。

在旅行中，碰到各种各样的人，有过各种各样的经历。然后，以自己的方式搭建起了一个叫做 DANCE EARTH VILLAGE 的舞台展现自己，

从此，"自己舒服不就可以了？"的想法，变成了"让眼前人开心，我就幸福"。

我这辈子，该遇到的人和事，都遇到了。
在旅行即将结束的时候，我有了这样一种感觉。

所以今后，我还是会跟着感觉活下去。
突然想去什么地方，就朝着那个地方前进。

那里一定有什么在等待着我。
旅行不会结束。

Japan **231**

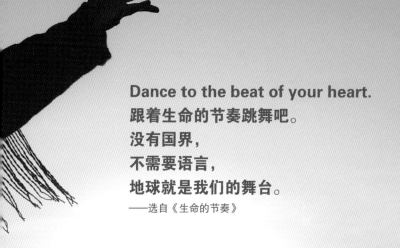

Dance to the beat of your heart.
跟着生命的节奏跳舞吧。
没有国界，
不需要语言，
地球就是我们的舞台。
　　——选自《生命的节奏》

舞蹈

当你把身体交给那片土地孕育出来的节奏时，
语言就根本不需要了。

舞蹈

是把生活在这个星球上的肤色各异的人们
连结在一起的共同语言。

舞蹈

我只想和全世界的人们一起跳舞，仅此而已。
下一站去哪里旅行呢？

舞动地球
是的，我们生活在

DANG

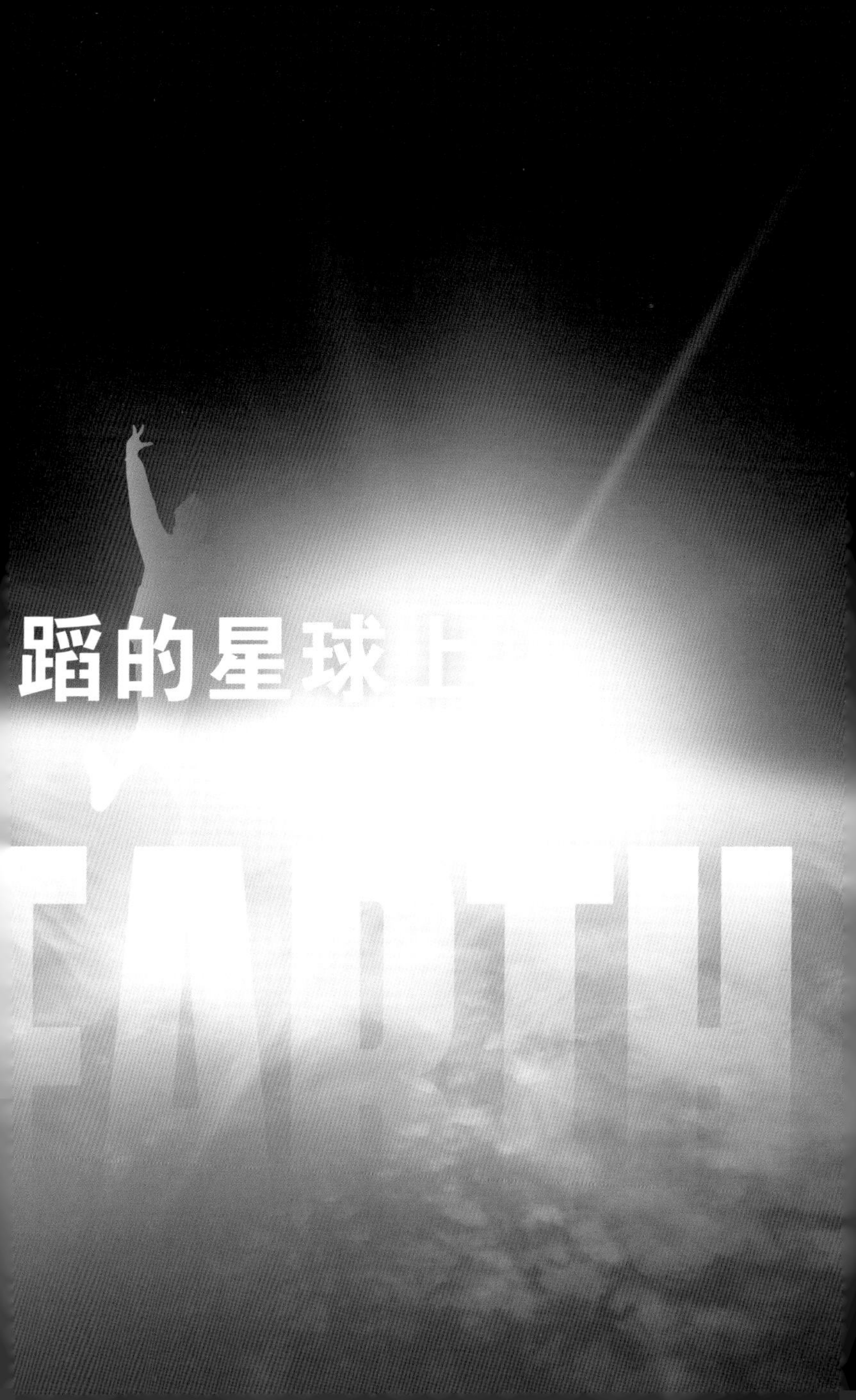
蹈的星球上

Epilogue text by Shin Ikeda

我和 USA 是从 2006 年开始舞动地球之旅的。6 年来，到现在已经是第三本书了，走过的国家用两只手都数不过来了。

我是一本名叫《旅学》的旅游杂志编辑，杂志创刊于 2000 年，是由旅行者写给旅行者的旅行杂志。迄今为止，我游过数不清的地方。每一个地方都深深地铭刻在我心里，如果在内心深处翻一翻，一切就会像刚刚发生过的一样翻涌而出，历历在目。

更多时候我是一个人背着背包去旅行，背包里装满摄影器材和几件换洗衣物。对我来说，USA 是为数不多的同伴。不管在什么样的国家，在路上，在原野上，在夜店里，只要 USA 一开始跳，当地的居民们就会聚拢而来。有的人一起跳，有的人竖起大拇指，有的人举起酒杯叫喊，和 USA 握手拥抱。舞蹈是全世界的共同语言。我很清楚，USA 的这句话说得一点儿都不夸张。

拍照，摄像，安排行程，租车开车，操着一口破烂英语做翻译，需要自己做饭时担当大厨，回国后剪辑视频写稿件。（除了厨师）这些全部都是我的工作。

对现在的我来说，旅行是我的工作。但我绝非一开始就是这样的人。青少年时期，我是一个极度害羞的人，非常认生，甚至于不敢一个人到食堂吃饭。

就像 USA 通过舞蹈打开了自己的人生，我从 16 岁开始骑摩托车，接着开始了骑车旅行。骑摩托车是孤独的。一天只需要跟别人说一句话"加满汽油"，就可以想去多远就骑多远。明明碰到陌生人连话都说不利索，却比别人更想去各种地方走走看看，对我这样的小毛孩来说，摩托车是最好的同伴。

24 岁大学毕业之后，我找了一份摩托车杂志编辑的工作。二十大几的我第一次出国，去美国采访。尽管和英语非常好的摄像师一起，但是在入境审查窗口前排队时，我依然非常紧张，膝盖都在颤抖。那时的我完全不能用英语进行对话。然而，自那以后，25 年间，我不停地旅行，到现在，不管是多么偏僻的地方，我都可以像去隔壁城市一样轻松前往了。如果当年那个害羞的青年看到现在的我，肯定会大吃一惊的。

关键是，自己要知道自己想做什么。

杜芙·颜生（Tove Jansson）写的《姆明谷的夏天（Farlig midsommar）》中，史力奇（Snufkin）这样说道。

正如 USA "想跳舞"。正如我 "想骑着摩托车去一个地方"。不需要任何理由。不要左思右想，纠结以后会怎么样、别人会怎么看，只要坚持做自己想做的事情，坚持走自己最开心的路，总有一天你会发现，这条路把你带到了一个你想都没有想过的地方。

读完这本书，如果你 "想去旅行"，那就是世界在呼唤你的声音。说什么没钱，说什么没时间，如果你一味地找理由，这声音就会慢慢远去，不知不觉间，世界可能就放弃呼唤你了。

试试跟着那个声音吧！

旅游不只是指去一些遥远的国家。如果下一个休息日将是万里晴空，那就带上饭团，去平时上下班路上看到的河滩公园走走吧。或者出门朝着与平时相反的方向漫无目的地走走看吧。

这条路一定能通向 USA 坚持在走的那条路。

池田伸 Shin Ikeda

1962 年生于长野。作家，旅行家，摩托车骑手。杂志《旅学》《HOTBIKE JAPAN》《VIRGIN HARLEY》编辑。著作有摩托车游记《在路上》（河出书房新社）、高龄工匠高桥五郎的生平传记《黄鹰》（A-Works）、和洼家洋介同游埃及的《放浪》（NORTH VILLAGE）等。

https://www.facebook.com/shinikeda8

by
Yoshihiro Usami

"我要用跳舞改变世界！！"

这话一出，或许你会嘲笑我，会笑话我。

无所谓。

"我要用我的方式去改变！"

结束了这次的旅行，我的心底有了这么一个强烈的想法。

越想改变世界，"先从日本开始"这个念头就越强烈。

我开始想重新审视这个生我养我的祖国，去日本各地旅游看看。

而且据说，从全世界范围来看，日本祭典、舞蹈种类之多也是首屈一指的。

太棒了！我心澎湃！

我想要跳遍这个称耀世界的日本，感受它。

我们的国家日本是一个没有战争的和平之地，而且可能也非常富裕……可是，每天都会出现令人悲伤的新闻，似乎在人们心中还有战争。我觉得这个问题非常严峻。

该怎么做才能打破这种闭塞的感觉呢？

我想利用舞蹈和音乐的力量，提高日本的幸福度，哪怕只是 1%。

虽然我口口声声说什么改变世界，什么世界和平，但那么宏大的目标，我可能做不到。

不过，我可以让眼前的人高兴。

我相信，一直坚持这么做，就能通往 LOVE&PEACE 的道路，我想用心去跳好每一个舞步。

CHANGE THE WORLD.

经过旅途中的诸多周折，我自己也变了。

改变世界，也就意味着改变自己。

而且，只要意愿够强烈，我们应该可以去往任何一个世界。

我们是靠自己的选择来生活的。

如果可以改变世界……

为了站在我面前的你……

我会一直跳下去。

WORLD DA

Bhutan, Jamaica, Cuba, Mexico, Ame

DANCE EARTH
Change the World *Yoshihiro Usami*

Bhutan

● Ja

★

Bhutan
January 2012 不丹
在田野里跳舞

Mexico
February·March 2012 墨西哥
在火车上跳舞

Jamaica
February·March 2012 牙买加
在贫民窟里跳舞

CE FLOOR

zil and Japan

我在这里
跳过舞！

ce Boat
March 2012

被大海环绕的舞台

★ U.S.A

Mexico ★

Cuba

★ Jamaica

Brazil ★

巴西
Brazil
October 2012

在中南美洲最大的贫民窟里跳舞

To Be Continued...

数字内容
在网上发布
DANCE EARTH
的理念以及最新信息。

DANCE EARTH
VILLAGE
自然

商品
生产各种周边商品，
让人们随时随地感受到
DANCE EARTH 的
讯息。

作为一名旅行者开始的舞蹈之旅，如今已经凝聚了众多同道中人。单纯的旅行也拓展成一个立体化的项目——"DANCE EARTH PROJECT"。图书、绘本、音乐、视频、舞台、自给自足的村庄、不断冒险、舞动地球，是一个不断展现的终生事业。

NATURE
DANCE
CAMP
在 DANCE EARTH VILLAGE
体验 学习项目

社会公益
致力于开设儿童舞蹈培训
及提高社区活力。

教育
通过亲子舞蹈的五感教育
拓展人与生俱来的感觉。

环境
创造能够感受自然、
保护地球的机会或学习环境。

图书在版编目（CIP）数据

舞动地球 Change the World——EXILE·USA 环球采风之旅（三）/（日）宇佐美吉启，（日）池田伸著；牛小可，潘明慧译.—北京：世界图书出版公司北京公司，2013.5

ISBN 978-7-5100-6130-1

Ⅰ.①舞… Ⅱ.①宇… ②池… ③牛… ④潘… Ⅲ.①旅游指南—世界 Ⅳ.①K919

中国版本图书馆 CIP 数据核字（2013）第 088419 号

DANCE EARTH ～ CHANGE THE WORLD ～

© Yoshihiro Usami 2013

Original Japanese edition published by A–Works

Chinese simplified character translation rights arranged with Sanctuary Publishing Inc. through Erudite Multiculture Co., Ltd.

Chinese simplified character translation rights © 2013 Beijing World Publishing Corporation

舞动地球 Change the World——EXILE·USA 环球采风之旅（三）

著　　者：[日]宇佐美吉启　池田伸
译　　者：牛小可　潘明慧
责任编辑：刘小芬　安太顺

出　　版：世界图书出版公司北京公司
出 版 人：张跃明
出　　版：世界图书出版公司北京公司
　　　　　（地址：北京朝内大街 137 号　邮编：100010　电话：64077922）
销　　售：各地新华书店
印　　刷：北京博图彩色印刷有限公司

开　　本：787 mm×1092 mm　1/32
印　　张：7.75
字　　数：240 千
版　　次：2013 年 6 月第 1 版　2013 年 6 月第 1 次印刷

ISBN 978-7-5100-6130-1　　　　　　　　　　　　　定价：42.00 元